Gottesdienstpraxis

Serie B:
Arbeitshilfen für die Gottesdienste zu den Festzeiten und für Kasualien

Herausgegeben von Erhard Domay
und Horst Nitschke

Gütersloher Verlagshaus Gerd Mohn

Volkstrauertag – Bußtag – Totensonntag

Predigten, Texte, Überlegungen

Herausgegeben von Horst Nitschke

Gütersloher Verlagshaus Gerd Mohn

CIP–Kurztitelaufnahme der Deutschen Bibliothek

Gottesdienstpraxis / hrsg. von Erhard Domay u. Horst Nitschke. – Gütersloh : Gütersloher Verlagshaus Mohn

Teilw. mit sachl. Benennung d. Abt.: Arbeitshilfen für die Gottesdienste zu den Festzeiten und Kasualien

NE: Domay, Erhard [Hrsg.]

Ser. B, Arbeitshilfen für die Gottesdienste zu den Festzeiten und für Kasualien.
Volkstrauertag – Bußtag – Totensonntag. – 1987

NE: Abt.

Volkstrauertag – Bußtag – Totensonntag : Predigten, Texte, Überlegungen / hrsg. von Horst Nitschke. – Gütersloh : Gütersloher Verlagshaus Mohn, 1987.

(Gottesdienstpraxis : Ser. B, Arbeitshilfen für die Gottesdienste zu den Festzeiten und für Kasualien)
ISBN 3-579-02789-1

NE: Nitschke, Horst [Hrsg.]

[redacted]

ISBN 3-579-02789-1

Satz: ICS Communikations-Service GmbH, Bergisch Gladbach
Druck und Bindung: Ebner Ulm
Umschlagentwurf: Franz Wöllzenmüller, Oberhaching
Printed in Germany

Inhalt

Volkstrauertag

Buß- und Bettag

Totensonntag – Ewigkeitssonntag

Volkstrauertag

»Durch Trauern wird das Herz gebessert«

Prediger 7,2–4
Christian Zippert

Ein schwieriger Tag, der Volkstrauertag. Kein kirchlicher Feiertag, aber ein Tag, der nicht nur den einzelnen Christen angeht, sondern auch die Kirche im ganzen. So oder so – ein schwieriger Tag. Vielleicht können uns die eben gelesenen Worte aus dem Buch des Predigers helfen, uns auf diesen Tag einzulassen.
Zunächst reizt es uns wohl eher zum Widerspruch als zur Zustimmung, wenn uns gesagt wird: »Trauern ist besser als Lachen«. Wer von uns trauert gerne? Nun, es gibt so etwas wie eine Lust am Trauern; aber davon will ich jetzt nicht sprechen, und das steht, Gott sei Dank, am Rande unseres Lebens. Sonst lachen wir lieber; denn beim Lachen wird uns das Herz leichter. Freilich, wir können nicht immer lachen. Und mancher hat, so meint er jedenfalls, das Lachen verlernt. Im übrigen gibt es, das wissen wir alle, sehr verschiedene Arten von Lachen: eine wohltuende und eine aufreizende, eine ansteckende und eine abstoßende Art von Lachen. Es ist keineswegs immer Humor, wenn man »trotzdem« lacht. Es ist oft auch Gedankenlosigkeit, Dummheit, ja Gemeinheit. Bei unserer Art zu feiern kommt das manchmal heraus. Die hat ja hin und wieder etwas Gewaltsames. Man hört es an der Art des Lachens, daß Sorgen, Angst und Trauer unterdrückt werden müssen durch Gelächter und alles mögliche andere. Und ohne Hilfsmittel, ohne Alkohol geht es manchmal überhaupt nicht. Daran denkt der Prediger, wenn er sagt: »Es ist besser, in ein Haus zu gehen, wo man trauert, als in ein Haus, wo man feiert; denn da zeigt sich das Ende aller Menschen, und der Lebende nehme es zu Herzen!« Und dann: »Trauern ist besser als Lachen; denn durch Trauern wird das Herz gebessert.«
Vermutlich haben wir doch alle Erfahrungen gemacht, die das bestätigen: »Durch Trauern wird das Herz gebessert«. Wenn wir es nicht von uns selbst wissen sollten, dann wissen wir es aus dem Umgang mit anderen Menschen. Ich muß jedenfalls sagen: Ich merke immer wieder, daß Menschen, die zu trauern hatten oder auch noch zu trauern haben, als Gesprächspartner, als Zuhörer, als Fragensteller, als Ratgeber mir oft näher kommen als die ewig Fröhlichen und immer Sicheren und in all

ihren Gedanken und Entscheidungen Selbstgewissen und Unangefochtenen. Ich denke jetzt nicht nur an die Menschen, die über den Verlust eines geliebten anderen Menschen trauern. Ich denke an alle Menschen, die trauern; etwa über einen mißlungenen Versuch, etwas Gutes zu tun, über eine Enttäuschung, in der Erkenntnis der eigenen Grenzen, im Bewußtsein von Schuld und was noch alles, das Grund zur Trauer werden kann. Vieles kann dazu beitragen, daß Menschen durch Trauer innerlich wachsen, daß ihr Herz offener und weiter und tiefer wird. Möglich ist das allerdings nur, wenn wir es aufgeben, der Wahrheit auszuweichen, die Wahrheit zu verharmlosen oder gar zu verleugnen. Das ist schwer, auch und gerade beim Tod eines geliebten Menschen. Aber bei all den andern Gründen zur Trauer auch. Das kostet Kraft und braucht Zeit, manchmal viel Zeit und mehr als die eigne Kraft. Wer wüßte das nicht?

Merkwürdig, was wir für unser persönliches Leben, jedenfalls dann, wenn wir nachdenken über uns und andere Menschen, bejahen, das lassen wir für die Geschichte unseres Volkes nicht oder nur zögernd und widerstrebend gelten. Wir wehren uns gegen diesen Tag, der uns Trauer zumutet, noch immer Trauer um die Opfer des Krieges, Trauer um seine furchtbaren Folgen und seine ebenso furchtbaren Ursachen. Immer wieder wird die Frage laut: Sollte man das nicht endlich ruhen lassen, mehr als vierzig Jahre nach Kriegsende? Aber ruht es denn? Es ruht ja gar nicht. Es wird nur aus dem Bewußtsein verdrängt und aus den Gesprächen verbannt. Ab und zu fällt es uns trotzdem ein: beim einsamen Nachdenken oder auch, wenn wir mit anderen zusammensitzen, spät am Abend beispielsweise, bei Wein und Bier. Ich habe es manchmal erlebt, wenn ich als Pfarrer nach Taufen und Trauungen zu Besuch kam, oder auch am Abend der Konfirmation, wenn die Erwachsenen unter sich waren oder den Konfirmanden und die Konfirmandin vergaßen. Worüber reden sie dann, die Eltern und die Großeltern, vor allem die Männer?: Über den Krieg – immer noch und immer wieder. Manchmal auf seltsame Weise, aber man kann leicht entdecken, daß hinter den irgendwie verklärten Erinnerungen an all das Schreckliche Angst und Trauer zittern, noch immer. Haben Sie es nicht auch einmal erlebt, bei all den vielen Berichten im Fernsehen aus den Jahren 1933 bis 1945 und darüber hinaus, daß da plötzlich etwas aufbricht und dem einen oder anderen die Tränen kommen und Gespräche nötig werden über all das, was man längst bewältigt zu haben meint?

An solchen Situationen erkennen wir, daß wir noch lange nicht damit fertig sind, unsere Vergangenheit zu bewältigen. Das gilt nicht nur für die, die als Erwachsene den Krieg erlebt haben, sondern auch für die, die ihn als Kinder erlebt haben. Ich weiß es: Ich kann noch heute keine Sirene

hören, ohne daß Erinnerungen in mir wach werden an Bombennächte und Tieffliegerangriffe, am hellen Tag, auch in schöner Landschaft. Ich kann mich noch heute nicht freuen am Silvesterfeuerwerk, weil es mich erinnert an die »Christbäume«, die am Himmel standen, bevor die Bomben fielen. Und wenn man mit dem Auto steckenbleibt im Manöver, unter Panzergerassel, dann kann einem zwar die Vernunft sagen, daß das nötig ist; aber das Herz sagt dann ganz anderes. Kein Wunder, daß sich die Erlebnisse des Krieges nie wirklich bewältigen lassen: Zu schön war der Traum vom Reich, dem »Dritten Reich«, und von der Überwindung der gesellschaftlichen Probleme, die zu ihm hinführten. Zu schrecklich war das Erwachen aus den schönen Träumen, auch den verzweifelten Träumen, daß all das Elend doch zu irgend etwas gut sein müsse. Zu groß war das Leid. Und zu schwer war die Schuld – eingestanden oder uneingestanden.
Wer kann die Erlebnisse des Krieges vergessen, wirklich vergessen? Vergebliche Mühe! Lassen wir es also. Geben wir der Trauer nach, die auf ihr Recht wartet, wenigstens hin und wieder, wenigstens an diesem dazu einladenden Tag. »Durch Trauern wird das Herz gebessert«, sagt der Prediger. Aber ist das wirklich so? fragen wir. Wird durch die traurigen Erinnerungen an die Schrecken der Schlachtfelder und der Bombennächte, an Flucht und Gefangenschaft, und nicht zu vergessen: das Elend der ersten Nachkriegsjahre, das Herz gebessert? Es kann so sein, unter drei Bedingungen.
Die erste: Wir dürfen nicht nur an die eigenen schrecklichen Erfahrungen denken. Wir müssen auch an die schrecklichen Erfahrungen der anderen denken, die damals unsere Feinde waren. Opfer des Krieges gab es auf beiden Seiten. Das muß uns immer wieder einmal einfallen, weil wir es immer wieder vergessen, gerade an diesem Tag. Mir ist das am nachhaltigsten klar geworden auf einigen Reisen durch Polen. In Breslau beispielsweise, wo ich als Kind gern zu Besuch war. In einer Stadt, die lange Jahrhunderte deutsch war und nun polnisch ist. »Sie können in ihre alte Heimat kommen«, sagte die polnische Stadtführerin, »wir können nicht in unsere alte Heimat fahren.« Sie stammte aus Ostpolen, das jetzt russisch ist. Oder, das brauche ich nicht zu beschreiben, in Auschwitz, dem grauenvollsten Museum, das es gibt. Oder in Warschau, das »ausradiert« werden sollte von der Landkarte und auch schon weitgehend »ausradiert« war und nun wieder steht, von neuem aufgebaut und voller Leben; aber mit welchen Problemen! Auch diese Probleme haben noch mit dem Krieg zu tun. Im übrigen: Opfer des Krieges gab es auch in den Jahren nach dem zweiten Weltkrieg. Ich habe mich noch auf der Herfahrt daran erinnern lassen: 142 Kriege unter Beteiligung von 88 Nationen – seit 1945! Wir nehmen es manchmal nicht wahr, weil wir nicht wagen, der Trauer nachzugehen.

Die zweite Bedingung dafür, daß »durch Trauern das Herz gebessert wird«: Wir müssen versuchen, so mühsam das ist, aus den schrecklichen Erfahrungen zu lernen, aus ihnen Folgerungen zu ziehen für heute und morgen. Erinnern wir uns doch daran: Nach dem Krieg – so lang ist das nun auch wieder nicht her! – war die Folgerung: Nie wieder Krieg! ganz einfach selbstverständlich. Anderes war nicht einmal denkbar. Und wie wird, nur ein paar Jahrzehnte danach, heute von manchen über die Möglichkeit des Krieges geredet, von hoher Stelle, von niedriger Stelle! Wie von anderen politischen Selbstverständlichkeiten! Das ist im Blick auf die unvorstellbare Möglichkeit eines Atomkrieges eine unbegreiflich schreckliche Entwicklung, die es mit aller Kraft aufzuhalten gilt! Diese Kraft kann, meine ich, aus den traurigen und schrecklichen Erinnerungen an Selbsterlebtes erwachsen, wenn diese Erinnerungen nicht in Resignation und Verzweiflung münden. Das können sie. Weiß Gott, das können sie! Aber das müssen sie nicht. Wer im Glauben an Gott mit seiner Trauer umgeht und an seiner Trauer arbeitet, dem kann aus der Trauer neue Kraft erwachsen.
Daraus ergibt sich die dritte Bedingung dafür, daß »durch Trauern das Herz gebessert wird«: Wir brauchen Halt und Nahrung für unseren Glauben an Gott, damit »durch Trauern unser Herz gebessert wird«. Wo gibt es Halt, wo gibt es Nahrung für unseren Glauben? Am Tisch des Herrn, wo seine Worte verkündigt und seine Gaben ausgeteilt werden. Ich denke an die großen Worte der Hoffnung, wie wir sie jetzt in der Advents- und Weihnachtszeit wieder hören und lesen werden, im Glauben daran, daß ihre Erfüllung begonnen hat in Jesus, dem »Friedefürsten«. Ich denke vor allem an seine eigenen Worte: »Selig sind, die da hungert und dürstet nach der Gerechtigkeit; denn sie sollen satt werden.« »Selig sind die Friedfertigen; denn sie werden Gottes Kinder heißen.« Ich denke an das heilige Abendmahl, das uns immer miteinander verbindet über Unterschiede und Grenzen und Gegensätze hinweg; das uns mit unseren Feinden, auch mit unseren Feinden, versöhnt. An solchen Worten und an solchen Erlebnissen müssen wir uns festhalten, auch und gerade am Volkstrauertag. »Der Friede Gottes, der höher ist als alle Vernunft, bewahre unsere Herzen und Sinne in Jesus Christus.«

Glaubensbekenntnis

Ich glaube, daß Gott aus allem, auch aus dem Bösesten, Gutes entstehen lassen kann und will. Dafür braucht er Menschen, die sich alle Dinge zum Besten dienen lassen.
Ich glaube, daß Gott uns in jeder Notlage so viel Widerstandskraft geben will, wie wir brauchen. Aber er gibt sie nicht im voraus, damit wir uns nicht auf uns selbst, sondern allein auf ihn verlassen. In solchem Glauben wird alle Angst vor der Zukunft überwunden.
Ich glaube, daß Gott kein zeitloses Schicksal ist, sondern daß er auf aufrichtige Gebete und verantwortliche Taten wartet und antwortet. *(Bonhoeffer)*

Fürbitten
Um den Frieden, daß die Welt bewahrt wird vor einem Atomkrieg und alle Völker bewahrt werden vor Kriegen miteinander und inneren Wirren, auch vor Unterdrückung und Terror, vor Drohung und Erpressung durch militärische Überlegenheit, laßt uns den Herrn anrufen:
Daß die Verhandlungen über eine Begrenzung der Rüstung aufrichtig geführt werden, alle Beteiligten den Frieden für die ganze Welt höher schätzen als den eigenen Machtvorsprung und am Ende ein Ergebnis steht, das die Kriegsgefahr mindert, laßt uns den Herrn anrufen:

Daß auch unter uns die Bemühungen um Frieden ehrlich sind in den Absichten und friedlich in den Mitteln, daß wir nicht Argwohn und Haß schüren, wenn wir verschiedener Meinung sind, sondern uns alle der Grenzen unserer Einsicht bewußt bleiben und im Gespräch mit Andersdenkenden gemeinsam den Frieden suchen, laßt uns den Herrn anrufen:
Um Frieden in den Ehen und Familien, in den Schulen und Universitäten, in Betrieben und Büros, in der Kirche und allen Einrichtungen des öffentlichen Lebens, daß wir unsere Meinungsverschiedenheiten nicht auf die Spitze treiben, sondern den Frieden als eines der höchsten Güter bewahren, laßt uns den Herrn anrufen:
Für alle Menschen, die im Innern friedlos, zerrissen, unbefriedigt, voll Wut, unterdrückter Wünsche, Angst vor Verzweiflung sind, auch für die, die abgestumpft und gleichgültig vor sich hinleben oder meinen, sie könnten ja doch nichts machen, laßt uns den Herrn anrufen:
Wir bringen in der Stille vor Gott, jeder, was ihn besonders bewegt ...

»Aber mein Volk weiß nichts von der Ordnung des Herrn«

Jeremia 8,4–6
Manfred Günther

Liebe Gemeinde!
Wir könnten jetzt so tun, als ginge uns hier in der Kirche der »Volkstrauertag« gar nichts an. *Den* begeht ja die bürgerliche Gemeinde nachher am Ehrenmal. Und ich könnte sagen: »Soll ich denn dem Redner, der nachher sprechen wird, vorgreifen?« Die Gedenkstunde heute ist schließlich seine Sache ... Sehen Sie, wenn es *nur* um Gedenken ginge, wenn dieser Tag nur die Erinnerungen wachhalten wollte – dann würde ich mich wohl heraushalten, zumal ich keine persönliche Erfahrung mit Krieg und der Trauer um Gefallene machen mußte. Aber: Es geht heute noch um etwas anderes als die Erinnerung an die Vergangenheit. In offiziellen Verlautbarungen heißt es schon seit Jahren: Dieser Tag möge eine »Mahnung zur Versöhnung und zum Frieden« werden. Und da fühle ich mich angesprochen. »Versöhnung«, »Frieden« ... da wendet sich der Blick auf einmal weg vom Damals, hin zur Zukunft, unserer Zukunft, die Du und ich mitgestalten und verantworten sollen. Das ist meine Sache!

Da stellen sich uns Aufgaben – gerade ein paar Tage vor der letzten Entscheidung in Sachen Nachrüstung und Raketenstationierung. Und hören wir jetzt noch den Predigttext für diesen Sonntag. Man meint, die Kirchenmänner, die diese Prophetenworte aus dem Buch Jeremia schon vor Jahren für heute ausgewählt haben, seien selbst Propheten gewesen: Textverlesung ...
Ich will diese Worte heute selbst zu Ihnen sprechen lassen. Ich will meine persönlichen Anschauungen über Rüstungspolitik der Weltmächte und über die Notwendigkeit der Stationierung von neuen Raketen in Europa aus dieser Ansprache herauslassen – soweit das möglich ist. Und ich will mich aller Äußerungen enthalten, die Menschen anderer Meinung als ich ihr christliches Bemühen bestreiten. Hören wir also, was der Prophet uns sagen will: »So spricht Gott: Wenn jemand hinfällt, steht er nicht wieder auf? Wenn jemand sich verläuft, läuft er nicht wieder zurück?«
Ist nicht ein ganzes Volk »hingefallen«? Gewiß: Verhetzt und verführt von einzelnen (– ist das nicht immer so?), »herein-gefallen« auf Feindbilder gleichgeschalteter Medien, aber schließlich »verfallen« den Parolen der Einpeitscher und »ver-fallen« der Idee eines »Tausendjährigen Reiches« und dem Wahn zukünftiger völkischer Macht und Größe. Und hat sich nicht ein ganzes Volk »verlaufen«? Den falschen Führern »nach-gelaufen«, den falschen Zielen, trügerischen Träumen und Weltherrschaftsplänen »hinterhergelaufen«. Steht er nicht wieder auf, der hingefallen ist? Läuft der nicht wieder zurück, der sich verlaufen hat? Sind wir aufgestanden? Sind wir zurückgelaufen? Ein paar Jahre nach dem verlorenen Krieg, ein paar Jahre nach dem Inferno aus Bomben, Granaten, Gewehren und Kanonen ist Deutschland wieder bewaffnet. Das Volk, aus dessen Mitte Millionen gefallen sind, stellt wieder Soldaten. Der Abstand zu den schrecklichen Erfahrungen wird größer. Die Erinnerungen verblassen. Wunden heilen, Trauer fällt dem Vergessen anheim ... so scheint es. Was haben wir gelernt? Was hat uns millionenfacher Tod und das Leid ungezählter Opfer gelehrt? Hören wir den Propheten: Warum läuft dieses Volk (...) beharrlich auf seinen Irrwegen weiter? Sie halten an der Täuschung fest. Sie denken nicht daran, umzukehren. Ob es nicht Täuschung war, 1954 wieder auf Waffen und Androhung von Gewalt zu setzen? Ob es nicht ein Irrweg war, damals wieder ein Heer aufzubauen? Und es blieb ja nicht bei diesen bescheidenen Anfängen: Das Wirtschaftswunder kam. Wir haben viel geschafft in wenigen Jahren. Und es gab wieder etwas zu verlieren und damit Grund aufzurüsten, um es zu verteidigen. Denn nur menschliche Kraft, nur unsere Mühe und unser Einsatz hat alles aufgebaut – glauben wir. Und nur unsere Kraft, nur unsere Bomben und Raketen können es schützen – meinen wir.
Ich horchte hin, und was mußte ich hören? Sie reden Verkehrtes! Nie-

mand bereut seine Taten und sagt: Was habe ich getan! Alle haben sich auf ihrem Weg verlaufen.
Ich mußte an die Worte von Politikern denken, wenn sie die Friedensbewegung als vom Osten gesteuert diffamieren wollen. Und an solche, die ihre Mitglieder in die Nähe von Gewalttätern rücken wollen, wenn sie die Zufahrt eines Natolagers blockieren. Die Äußerungen eines Ministers kommen mir in den Sinn, der von einem Einsatz der Polizei gegen friedliche Demonstranten mit Vokabeln gesprochen hat, als befänden wir uns im Krieg, wobei seine Augen leuchteten. Auch an Reporter unseriöser Blätter muß ich denken, die mit leichtfertigen Schlagzeilen die Russenfurcht schüren oder unangemessen von den furchtbaren Raketen der Amerikaner reden, so als seien es Hamburger aus der Mc. Donalds-Kette. – Sie reden Verkehrtes! Niemand bereut seine Taten. Wer denkt noch an den letzten großen Krieg? Wer erinnert sich noch, was ihn erst ermöglicht hat? Wer macht sich den Zusammenhang noch klar zwischen Rüstung und Anwendung von Waffen. Wer begreift, wie das fast gesetzmäßig abläuft: Wer sich bewaffnet, hat noch immer auch das Schwert gezogen. Und wer denkt an die Folgen, für die es in der Geschichte so viele Beispiele gibt: Wer das Schwert zieht, wird durch das Schwert umkommen!?
Sie sind wie Pferde, die sich in die Schlacht stürzen.
Sie tragen Scheuklappen oder sind schon ganz blind. Kein menschlicher Verstand leitet sie. Keine Erinnerung, keine Warnung erlebter Vergangenheit kann sie aufhalten. Unfähig zu trauern sind sie und darum unfähig, aus Erlittenem zu lernen. Wie Pferde ... gewiß stark, gut gewappnet im Bewußtsein eigener Kraft, aber ohne menschliches Herz und ohne Gefühl für die Folgen stürmen sie vorwärts – in die Vergangenheit, denn muß sich nicht wiederholen, was blinde Führer schon einmal (und hundertmal zuvor!) angezettelt haben? Sie stürzen sich in die Schlacht ... wie Pferde, zertrampeln alle Friedenshoffnung, zertreten die Zukunft der ganzen Menschheit, denn um nicht weniger geht es heute!
Selbst der Storch am Himmel kennt seine Zeit, Taube und Schwalbe kehren zu ihrer Zeit zurück. Aber mein Volk weiß nichts von der Ordnung des Herrn.
Ordnung des Herrn ... ist da nicht all das gemeint, was wir Christen mit unserem Gott verbinden: Daß er die »Liebe« ist, die uns dazu überwinden will, gegen jedermann auch Liebe zu üben. Daß er unser »Schutz« ist, daß wir Bomben und Raketen nicht nötig haben, die doch ohnehin heute nichts mehr von dem übrig lassen werden, was sie schützen sollen. Daß selbst die »Rache« sein ist, wie er gesagt hat, daß wir darum nicht einmal zurückzuschlagen das Recht haben. Daß er im Kreuz Jesu Christi selbst gezeigt hat, was allein die Menschheit retten und die Seele seiner Leute

zum Ewigen Leben bewahren kann. Und daß er schließlich in der Auferstehung seines Sohnes ein Zeichen dafür gesetzt hat, was für seine Menschen Ziel und Hoffnung ist: Eben das Leben in seiner Nähe.
Diese Ordnung steht. Ein Leben in dieser Ordnung ist uns angeboten. Erinnern wir uns heute – am Volkstrauertag – daran, welchen Preis es gekostet hat, diese Ordnung vor 40 Jahren zu mißachten. Und kommen wir dann über unser Gedenken hinaus zum Erkennen: Gottes Ordnung steht auf dem Spiel. Abermals setzt ein Volk auf seine Kraft und die Stärke seiner Waffen. »Sie sind wie Pferde, die sich in die Schlacht stürzen!«
Wozu bringt Sie der Prophet? Lassen Sie sich seine Mahnung zu Herzen gehen? Wird Ihr Gedenken an die Opfer des großen Krieges an diesem Volkstrauertag in Ihrem Denken und Handeln Folgen haben? Werden Taten des Friedens und der Versöhnung von uns ausgehen? Gott schenke es uns!

»Wer mich bekennt ...«

Matthäus 10,26–33
Christian Zippert

Ich lese zunächst den ersten Teil eines Briefes, den der Bischof unserer Landeskirche zu diesem Tag an alle Gemeinden gerichtet hat:

»Am allgemeinen Buß- und Bettag tut die christliche Gemeinde einen stellvertretenden Dienst für das ganze Gemeinwesen. Das verstehen viele Menschen, die in den letzten Jahren wach geworden sind durch Zeichen der Zeit, die wir alle kennen: der sterbende Wald, der Fortschritt der Rüstung, das Wachstum von Armut und Reichtum bei uns und in der Welt, Zeichen für einen falschen Weg, auf dem wir nicht weitergehen dürfen. Den Ruf zur Umkehr hören wir überall. Aber wer will ihn hören? Wer kann ihm folgen? Oft steigert er nur die lähmende Angst. Wir suchen und brauchen die Kraft und Buße, die unser Leben erneuert. Darum rufen wir am Buß- und Bettag gemeinsam zu dem Gott, der uns nicht allein läßt. Wir hören sein Wort, das die Verlorenen sucht. Wir glauben, daß Jesus Christus, wie er uns in der Heiligen Schrift bezeugt wird, das eine Wort Gottes ist, das wir zu hören, dem wir im Leben und Sterben zu vertrauen und zu gehorchen haben, wie es die Bekenntnissynode zu Barmen vor 50 Jahren ausgesprochen hat. Gottes Wort löst unsere Zunge, daß wir offen reden können von der Angst, die wir haben, und von der Angst, die wir erzeugen, wenn wir seine Liebe in unserem Leben verleugnen. Er legt uns aber nicht fest auf unsere Sünde. Christus will, daß wir frei werden und ihm folgen. Er ist der Weg und die Wahrheit und das Leben. Er hilft uns, daß wir für andere zu Boten seines Friedens und zu Zeugen seiner Liebe werden. ›Wer mich bekennt vor den Menschen, den will ich auch bekennen vor meinem himmlischen Vater‹.«

Ich komme auf die Fortsetzung zurück. Zunächst will ich versuchen, das Evangelium dieses Tages kurz auszulegen. »Wer mich bekennt vor den Menschen, den will ich auch bekennen vor meinem himmlischen Vater«, sagt Jesus. Er erwartet, er ist darauf angewiesen, daß wir uns offen, auch öffentlich, zu ihm bekennen. Wie geht das zu?
Nun, es gibt viele Formen, gewöhnliche und außergewöhnliche Formen, sich zu Jesus zu bekennen: Da ist der Gang zur Kirche unter dem Geläut der Glocken. Ich denke, in unseren Städten und Dörfern würde ein wichtiges, sichtbares Zeichen fehlen, wenn da nicht Sonntag für Sonntag und Feiertag für Feiertag Menschen dem Ruf der Glocken in die Kirche folgen würden. Sich zu Jesus bekennen, das heißt ganz schlicht: am Gottesdienst teilnehmen und innerhalb des Gottesdienstes am Abendmahl teilnehmen, mitsprechen, wenn gesprochen wird, und mitsingen, wenn gesungen wird. So beginnt es, das Bekenntnis zu Jesus, so gewöhnlich.
Aber das ist natürlich nur die eine Seite. Die andere Seite ist das Verhalten im Alltag, im Alltag der Familie, im Alltag des Berufs: die Wahl des Umgangstons, der Lebensstil, die Fähigkeit und die Bereitschaft auf Fragen, auf schwierige Fragen Antwort zu geben – unter ausdrücklicher Berufung auf Jesus oder ohne diese ausdrückliche Berufung, das Mitwirken an Entscheidungen, auch an politischen Entscheidungen im Sinne Jesu. All dies die gewöhnlichen Formen des Bekenntnisses zu Jesus.
Es gibt aber auch außergewöhnliche Formen des Bekenntnisses, und in dem Jahr, in dem sich die Bekenntnissynode von Barmen jährt, ist es der ausdrücklichen Erinnerung wert, daß es Gelegenheiten gibt, bei denen die Gemeinde, ja die ganze Kirche öffentlich sprechen, sich öffentlich zu Jesus bekennen muß. Das ist eine letzte Möglichkeit, die man nicht durch Abnutzung verkommen lassen darf. Wenn die Kirche zu allem und jedem ein Wort sagt, dann wird man bald nicht mehr auf sie hören. Es mag ja genügen, ein Wort, das sie in einer gefährlichen Stunde gesprochen hat und das nach 50 Jahren noch immer wichtige Anregungen gibt, fruchtbar zu machen für die Arbeit des Tages. Und da sind wir vielleicht allzu zurückhaltend.
»Wer mich bekennt vor den Menschen, zu dem will ich mich auch bekennen vor meinem himmlischen Vater. Und wer mich verleugnet vor den Menschen, den will ich auch verleugnen vor meinem himmlischen Vater«: Dieses Wort steht in einem Zusammenhang. Es ist umgeben von Warnungen, die wir sehr nüchtern zu hören haben. Jesus warnt uns vor Schwierigkeiten, vor Widerstand und vor Gefahren, in die wir geraten, wenn wir uns zu ihm bekennen. Lesen Sie das 10. Kapitel des Matthäusevangeliums daheim einmal durch: »Siehe, ich sende euch wie Schafe mitten unter die Wölfe ... Ihr werdet gehaßt sein von jedermann um

meines Namens willen ... Sie werden euch den Gerichten überantworten ... Wenn sie euch in einer Stadt verfolgen, so flieht in eine andere ... Es wird ein Bruder den anderen dem Tod preisgeben und der Vater den Sohn, und die Kinder werden sich empören gegen ihre Eltern und werden sie töten helfen.« Worte aus der Anfangszeit der Kirche, gewiß. Wie rasch sie aktuell werden können, wissen die unter uns, die die Jahre nach 1933 in unserem Land, hier in Deutschland, miterlebt haben. Daß sie in vielen Ländern in Ost und West ganz aktuell sind, können wir fast täglich in der Zeitung lesen.

Freilich ist es wichtig, sich immer wieder klarzumachen, daß der Widerstand gegen Jesus verschiedene Gestalten hat, daß er sich einen harmlosen Mantel umhängen kann und daß dieser Mantel christlich gefärbt sein kann. Ein paar Sätze von Karl Barth, aus seiner kirchlichen Dogmatik, in der es ein Kapitel mit der Überschrift »Der Christ in der Bedrängnis« gibt. Ich zitiere: »Wirkliche Christen sind immer von der sie umgebenden Welt her bedrückte Menschen. Der auf sie ausgeübte Druck kann sehr verschiedene Formen haben. Ihre (der Bedrängnis) Form wird gewiß nicht notwendig, vielmehr nur verhältnismäßig selten die spektakuläre Form von Verfolgung oder verfolgungsähnlichen Prozeduren sein. Des Christen Bedrängnis mag oft nur in gelegentlich ausbrechenden, dann wieder sich behebenden leichteren oder schwereren einzelnen Konflagrationen, sie mag weithin nur in einer dauernden, mehr oder weniger zur relativ tragbaren Gewohnheit, vielleicht beinahe zur Institution gewordenen latenten Spannung bestehen, in der er die Reaktion seiner Umwelt auf sein Zeugnis zu erfahren bekommt, und in der er eben durchzuhalten hat. Das wird besonders da der Fall sein, wo sich seine Umwelt ihrerseits in irgendeiner Gestalt als christliche, vielleicht sogar in ihrer Weise hochchristliche Welt darstellt, wo also der Druck, den der Christ zu erleben bekommt, nicht mit irgendeiner heidnischen und gottlosen, sondern mit der sanften, muffigen, aber umso intensiveren Gewalt irgendeiner Christlichkeit ausgeübt wird und so zu erleiden ist. Die dem Christen eigentümliche Bedrückung mag ... auch sonst weithin sehr verborgen und vieldeutig sein ... Das aber ist sicher, daß sie nicht ausbleiben, daß sie seinem Charakter als Christ nicht fehlen kann.« (Kirchl. Dogmatik III,2, S. 708 f.).

Wer das mit wachem Gewissen hört, der wird von stärkerer oder schwächerer Furcht überfallen. Diese Furcht will Jesus überwinden. Dreimal heißt es im Evangelium dieses Tages: »Fürchtet euch nicht!« Und auf dreifache Weise begründet Jesus dieses »Fürchtet euch nicht«.

Er weist uns hin auf die begrenzte Macht der Menschen, die schrecklich genug ist; aber nicht unbegrenzt: »Fürchtet euch nicht vor denen, die den Leib töten, doch die Seele nicht töten können.« Eine Erläuterung von

Dietrich Bonhoeffer, der seine Worte mit der Tat bezeugt hat: »Nicht die Menschen sind zu fürchten. Sie vermögen den Jüngern Jesu nicht viel anzuhaben. Ihre Macht hört mit dem leiblichen Tode auf. Todesfurcht aber sollen die Jünger überwinden durch Gottesfurcht. Wer die Menschen noch fürchtet, der fürchtet Gott nicht. Wer Gott fürchtet, der fürchtet die Menschen nicht.« (Nachfolge, S. 146).
Jesus überwindet unsere Furcht, indem er uns sein unbegrenztes Vertrauen in Gottes Macht nahelegt, das er in diesem Zusammenhang auf geradezu absurde Weise ausspricht: »Kauft man nicht zwei Sperlinge für einen Groschen? Dennoch fällt keiner von ihnen auf die Erde ohne euren Vater. Nun aber sind auch eure Haare auf dem Haupt alle gezählt. Darum fürchtet euch nicht. Ihr seid besser als viele Sperlinge.«
Jesus überwindet unsere Furcht schließlich durch die Zusage, vor dem letzten Gericht unser Anwalt zu sein: »Wer mich bekennt vor den Menschen, den will ich auch bekennen vor meinem himmlischen Vater.« Darum: »Fürchtet euch nicht!«
Unter dieser Verheißung steht, nach den Worten unseres Bischofs »unser stellvertretender Dienst an diesem Bußtag« und im Alltag, im persönlichen und im politischen Alltag, der ihm folgt. Der Brief des Bischofs mündet in drei sehr schlichte und konkrete Aufforderungen: »Kraft der Buße, die zum Leben führt, das wird ganz praktisch heißen«, so schreibt er:

»Laßt eure Kinder nicht allein, wenn sie ihren Weg suchen. Lest mit ihnen in der Heiligen Schrift und laßt sie spüren, wie Gottes Liebe uns alle trägt. Sie sollen von Anfang an erleben, was Freiheit der Kinder Gottes ist.« Und:
»Laßt die Religionslehrer nicht allein. Sagt ihnen, wie notwendig ihr Dienst für die Umkehr ist, an der das Leben hängt. Es ist nicht gleichgültig, ob dieser Unterricht stattfindet und wie er gestaltet wird.« Und:
»Laßt die Männer und Frauen nicht allein, die auf alten und auf neuen Wegen die politische Verantwortung für Recht und Frieden wahrnehmen. Begleitet sie mit Fürbitte, mit Rat und Kritik, damit sie Vertrauen gewinnen und nicht resignieren.«

Um diese dritte und letzte Aufforderung, all die nicht allein zu lassen, die auf alten oder auf neuen Wegen den Fragen um Frieden und Gerechtigkeit nachgehen, soll es in dem Bußgottesdienst gehen, zu dem die Pfarrerinitiative »Frieden und Gerechtigkeit« heute abend um 20 Uhr in die Universitätskirche einlädt. Ich gebe diese Einladung gern an Sie alle weiter.

»Vor Gott, unserem Richter,
und voreinander
bekennen wir uns schuldig –
des Unglaubens,
der Ungerechtigkeit
und des Unfriedens
im Kleinen und im Großen.

Wir klagen uns an,
daß wir nicht mutiger bekannt,
nicht treuer gebetet,
nicht fröhlicher geglaubt
und nicht brennender geliebt haben.
Wir bitten Gott um Gnade,
um Vergebung unserer Schuld.
Wir hoffen zu Gott, daß er uns
trotz unseres Versagens
noch dazu brauchen kann,
sein Wort zu verkündigen
und seinem Willen Gehorsam zu schaffen
bei uns selbst
und bei unserem ganzen Volk.
Wir hoffen zu Gott,
daß durch den gemeinsamen Dienst der Kirchen
dem Geist der Gewalt und der Vergeltung,
der heute von neuem mächtig werden will,
in aller Welt gewehrt werde,
und der Geist des Friedens und der Liebe
zur Herrschaft komme,
in dem allein die gequälte Menschheit
Heilung finden kann.
Gemeinsam mit der ganzen Christenheit
bitten wir Gott um Erbarmen.«

Trauert nicht umsonst!

Lukas 23,28 u.19,41 f.
René Leudesdorff

Wenn Jesus jetzt lebendig-sichtbar unter uns wäre, was sagte, was täte er an diesem Tage? Gewiß, er respektierte die Gefühle derer, die sich noch an die Verluste erinnern, welche der letzte Krieg ihnen und ihrer Familie zugefügt hat: Väter und Mütter, Großväter und Großmütter oder eigene Geschwister. Gewiß, Jesus wäre der letzte, der solches Leid bagatellisierte. Im Gegenteil: Er würde uns wohl raten: Seht genau hin! Wendet eure Augen nicht vorzeitig ab, um die Gefallenen, die Ermordeten, die Umgekommenen zu Helden zu erklären. Sie selber wollten das nicht sein. Sie wollten leben. Aber viele haben getötet und wurden getötet.
Seht genau hin, würde er sagen, und nehmt diesen Tag ganz ernst. Laßt

euch nicht auf das Gerede ein, man solle doch endlich aufhören mit jener Vergangenheit. (Das meinen übrigens stets diejenigen, die von den schrecklichen Verbrechen der Nazizeit nichts mehr hören wollen, aber von den eigenen toten Helden wohl. Welche Einäugigkeit!) Nein, wenn schon: dann seht alle an, auf allen Seiten, auch die 20 Millionen toten Russen zum Beispiel, die ja nicht einfach so tot umgefallen sind ...
Jesus hatte den Mut, genau hinzusehen und in den Tätern die Opfer, aber auch in den Opfern die Täter zu erkennen. Sein Blick war nicht verzerrt von falscher Parteinahme, auch wenn er, als Anwalt der Opfer, parteilich sein konnte. Heute jedenfalls zeigte er uns die Qualen der Verwundeten, die Ängste der Erfrierenden, die Gesichter der Flüchtenden, die Leiber der Vergasten, die wie Fackeln Verbrennenden in den Bombennächten. Und er sagte: Seht genau hin, dies sind und waren meine Schwestern und Brüder. Was haben meine anderen Schwestern und Brüder aus ihnen gemacht? Sind sie menschlich mit ihnen umgegangen – geschweige denn christlich? Wie konnten Frauen und Männer, die auf meinen Namen getauft sind, die sich nach mir »Christen« nannten, sich so in eine Tötungsorgie treiben lassen?
Und er würde, wie über Jerusalem damals, so heute über unsere Zeit und Welt weinen. Und er wollte, daß auch wir das Weinen darüber lernten: Volkstrauer (übrigens kein kirchlicher, sondern ein von Politikern festgelegter Tag, wie vor Jahrhunderten der Buß- und Bettag)! Und er würde uns fragen, was wir denn nun mit unserer Trauer machen. Wir haben ja an diesem Tag eine dritte Chance, ein Opfer zu bringen. Das erste Opfer brachten die Toten, die Gefallenen und die Ermordeten. Das zweite brachten all die, denen die oft unerträgliche Last des Verlustes und der Trauer auferlegt war. Sollen nun das erste wie das zweite Opfer umsonst gewesen sein? Soll denn das alles zu nichts geführt haben?
»Wenn doch auch du erkenntest zu dieser Zeit, was zum Frieden dient!« Das ist sein Ruf, nicht noch das dritte Opfer in den Wind zu schreiben, also wenigstens jetzt umzukehren. Er sah im Geiste vor sich das belagerte, das dem Erdboden gleichgemachte Jerusalem, so wie er heute vielleicht die zu Staub zerfallenen Metropolen, die strahlenverseuchte Erde und darauf die wenigen von uns Überlebenden voller schwärender Verbrennungswunden herumkriechen sähe. (Es ist doch wahrlich nicht schwer, sich das Szenario von einst für unsere Zeit vor Augen zu führen.) Was dient zum Frieden? Diese Frage ist strittig, jeder weiß das. Aber wenn Jesus vom Frieden spricht, zum Frieden mahnt: ist es dann vorstellbar, daß er zu noch mehr Hochrüstung raten würde? Kann man sich seine Verzweiflung vorstellen, wenn dieselben, die vor Jahren die Null-Lösung für Europa angeboten, ja beschworen haben, nun plötzlich davon abrükken, ja ihr abschwören, als wäre das der Untergang? Auf welchem Stern,

in welchem Irrenhaus lebt ihr (und fühlt euch noch wohl), wenn schon in Friedenszeiten die Produktion atomarer, chemischer und biologischer Massenvernichtungsmittel auf Kosten derer geht, die heute verhungern! Zum Frieden dient auch jetzt wieder: genau hinzusehen und sich nicht durch den Tingeltangel im Fernsehen von den Gefahren ablenken zu lassen. Es war ja, aus dem Glauben an Gottes Gericht heraus, ein durchaus politisches Wort, das da zu ganz Jerusalem gesprochen wurde, wer will Jesus das abstreiten? Seinen Friedensruf als einen Aufruf zum Stillhalten und zur frommen Innerlichkeit umzudeuten, das hieße Jesus zu verhöhnen. Er will aber, daß wir versöhnen. Er will, daß wir seine Versöhnung annehmen. Nicht in dem Sinne, daß wir – wie die Frauen auf dem Weg nach Golgatha – die große Totenklage über Jesus anstimmen und damit wieder alles von uns abschieben. Nein: »Weint über euch selbst und eure Kinder.« Er möchte nicht, daß abermals das große Jammern über seinen Tod am Kreuz ausbricht. Er lenkt die Klage zurück auf die Klagenden. Nicht, um sie zu vernichten, sondern um die Frauen stark zu machen, in sich die Klage zu verwandeln zu versöhnendem Handeln. Gerade den Frauen traut er das zu!
So wird der Kreuzesweg Jesu nicht nur zu einer Mahnung an uns, konkrete Schritte zum Frieden zu tun; er will uns auch die Chance dazu öffnen. Ein erster Schritt für uns Christen wäre der, sein Kreuz, den Glauben an ihn nicht zur Ablenkung von unserer eigenen Weltverantwortung zu mißbrauchen. So ist die Befreiung, die er bringt, nicht zu verstehen: daß wir ihn auf den Thron heben und anbeten, während neben uns die Menschen verhungern und die Todesmaschinerien aufgebaut werden. Jesus erlöst uns nicht zu unserem Eigennutz, sondern zum Dienst an Gottes ursprünglich guter Schöpfung. Sie zu bewahren, Gerechtigkeit zu üben, Frieden ohne Waffen zu sichern, dazu hat Jesus uns als seine Jüngerinnen und Jünger berufen. Und dazu will er uns seinen guten Geist geben und uns durch sein Leiden stark machen.

Wenn wir Gott das Feld überlassen ...

Römer 8,18–23
Ulrich Bienengräber

Können wir dem so unbefangen zustimmen, was wir da eben gesungen haben: »Auf, auf, gib deinem Schmerze und Sorgen Gute Nacht – laß fahren, was das Herze betrübt und traurig macht!«? Was sollen wir denn anfangen mit so einem Tag wie dem heutigen – Volkstrauertag! 55 Millionen Menschen sind in den beiden letzten Kriegen getötet worden. Das haben wir oft gehört. Auch, daß seit 1945 in den vielen sogenannten kleinen Kriegen 30 Millionen Menschen umgekommen sind! Auch die vielen Appelle und Sprüche kennen wir: Nie wieder Krieg! Stell dir vor, es gäbe Krieg, und keiner geht hin! Oder wie Borchert beschwörend gerufen hat: Sag Nein! Nie wieder solche grausigen Verbrechen wie die am jüdischen Volk oder an den Andersdenkenden oder an den geistig oder körperlich Behinderten, an Zigeunern, Homosexuellen und Obdachlosen – nie, nie wieder!

Die Besucher dieses Gottesdienstes werden sich nachher um das Ehrenmal mit den Namen der Gefallenen des 1. und 2. Weltkrieges gruppieren. Das uns allen bekannte Lied wird erklingen ›Ich hatt' einen Kameraden, einen bess'ren find'st du nicht.‹ Einer wird das Wort ergreifen. Feierlich wird allem Krieg, allem Kriegsgeschrei und aller Kriegsvorbereitung abgeschworen. In vielen von uns klafft die Wunde des letzten Krieges noch tief und schmerzlich – wir haben Väter verloren und Söhne – und wenn ich daran denke, daß ich vier Söhne habe – ja, was wäre, wenn! Aber ist das nicht Volkstrauertag, wie wir ihn schon xmal gehört und begangen haben? Also doch: »Laß fahren, was das Herze betrübt und traurig macht!« Es ändert sich ja doch nichts!

Immerhin wird im Lied viel tiefgründiger argumentiert: »Bist *du* doch nicht Regente, der alles führen soll, *Gott* sitzt im Regimente und führet alles wohl.« Ja, aber wo kommen wir denn hin, wenn wir tatsächlich Gott das Feld überlassen? Liebe Gemeinde, das ist eine ernst gemeinte Frage: Wo kommen wir hin, wenn wir Gott das Feld überlassen! Wohin wir kommen, wenn wir Menschen das Feld überlassen, das haben uns die zerstörten Städte und ihre Trümmer oft genug gezeigt. Das haben wir in der schauerlichen Vision von Wolfgang Borchert gehört. Wissen wir, wohin wir kommen, wenn wir Gott das Feld überlassen? Wer von uns weiß denn z. B., was es für die Welt bedeuten könnte, wenn ein Volk, statt mit der Waffe in der Hand, betend und wehrlos den Angreifer empfinge?

Ohne Waffen, und darum gerade ›bewaffnet‹ mit der allein guten Wehr und Waffe des Glaubens? Haben wir das schon einmal ausprobiert? Gott das Feld überlassen? 1934 hat Dietrich Bonhoeffer in einer Friedenspredigt auf der ökumenischen Konferenz in Fanö gesagt: »Frieden heißt, sich gänzlich ausliefern dem Gebot Gottes, keine Sicherung wollen, sondern in Glaube und Gehorsam dem allmächtigen Gott die Geschicke der Völker in die Hand legen und nicht selbstsüchtig über sie verfügen wollen.« Probleme, Konflikte können letztlich nicht mit Waffen entschieden werden, sondern allein durch Gott. Das ist wohl mit dem Frieden Gottes gemeint, der höher ist als alle Vernunft. Tja, wenn wir alle erst mal so weit wären!
In Wirklichkeit ist alles so ganz anders, und das wird im Predigttext so gut beschrieben. Ich wiederhole nur ein paar Stichworte, die mir schon beim ersten Lesen hängen geblieben sind: ängstliches Harren – der Vergänglichkeit unterworfen – Knechtschaft des vergänglichen Wesens – Sehnsucht – ängstigen – seufzen – warten auf unseres Leibes Erlösung.
So sieht's doch aus bei uns! Da ist in Wahrheit so viel kaputt, daß wir's gar nicht wahrnehmen möchten – und die Zeit verrinnt, und das Leben rauscht vorbei: das soll's gewesen sein? Darum: seufzen. Darum: ängstliches Harren. An dieser Stelle könnten wir jetzt gut eine Pause einlegen, um einmal jedem von uns Gelegenheit zu geben, seine eigenen Seufzer zuzulassen. Ja, atmen Sie doch ruhig einmal ganz tief ein und lassen Sie die Luft wieder laut und vernehmlich raus ... Wir werden nicht überrascht sein, wenn da gar nicht die Seufzer über die großen Weltprobleme in der Überzahl sind – da liegen gar nicht unsere Volkstrauer oder unsere Volksseufzer, aber da sind die unendlich vielen Einzelschicksale, die bei uns den Seufzer bewirken, und ich möchte nicht wissen, wie viele Seufzer heute Nacht wieder geseufzt worden sind: bei einer schlaflosen Nacht, wenn das große Grübeln losgeht, weil einer nicht weiß, wo der Partner oder die Kinder so spät noch sind und nicht nach Hause kommen – oder weil der Arbeitsplatz so stressig ist und man einfach keine Lust mehr hat. Einer seufzt, weil er einfach mal seine Ruhe haben möchte und nicht dauernd gefordert und in Anspruch genommen werden möchte. Und viele seufzen, weil sie Schmerzen haben, daß ihnen der Kopf zu zerspringen droht. Ich kenne die Seufzer von Menschen, die sich alleingelassen fühlen, weil sie spüren: Keiner hält zu dir, alles ist verkehrt. Und dann sind da die Stiche und Sticheleien, mit denen wir uns gegenseitig verletzen und wehtun – mein Gott, wann hört das endlich auf! Es ist leicht zu sagen »Frieden schaffen ohne Waffen« – es ist schwer, die eigenen Waffen abzulegen. Es gibt unter uns zu viele, die gut schießen können – Scharfschützen und solche, die ihre Pfeile ins Auge gehen lassen. Da gibt es welche, die verschießen Giftpfeile, so hinten rum als

Heckenschützen, aus dem Versteck, ganz anonym. Und dann spüren wir am eigenen Leib, daß zwischen diesen vielen Geschossen, Pieksern und Stichen und der Neutronenbombe sogar eine Verbindung besteht. Klein fängt alles an. Wir reden so viel von Umweltverschmutzung, das größte Umweltproblem ist unsere fehlende Christlichkeit, denke ich. Volkstrauer *darüber*? Obwohl das schon ein erster Schritt zur Besserung wäre, läßt Gott uns nicht mit solcher Erkenntnis allein nach Hause gehen. Im Text wird ja nicht nur von Seufzen und Ängsten und Knechtschaft und Unterworfenheit unter die Vergänglichkeit geredet, sondern auch von dem Hintergrund, vor dem das alles passiert, und der heißt mit einem Wort: Hoffnung. »Die Kreatur wird frei werden von der Knechtschaft des vergänglichen Wesens zu der herrlichen Freiheit der Kinder Gottes. Gottes Kinder sollen offenbart werden. Wir sehnen uns bei uns selbst nach der Kindschaft und warten auf unseres Leibes Erlösung.« Anders gesagt: Wir wissen, daß die gesamte Schöpfung seufzt und in Geburtswehen liegt bis zum heutigen Tag, und in der Tat steht an der Stelle, wo Luther das Wort ›ängstet sich‹ benutzt, um Urtext ›in Geburtswehen liegen‹. Ja, das mit dem Seufzen spüren wir Tag und Nacht, und wir haben darüber nachgedacht und versucht, einen Seufzer auch im Gottesdienst hier einmal loszuwerden. Aber! Ist das nicht etwas Schönes, Grandioses, daß unser Seufzen und das anhaltende, unüberhörbare Seufzen der ganzen Schöpfung das Seufzen von Geburtswehen ist? Hoffnung ist unsere Rettung. Wir sind in Hoffnung, wie man es von einer hoffenden Mutter sagt, die neues, geliebtes Leben erwartet. Ja, so ist es: unser Leben kommt langsam zur Welt, wird geboren. Unser Seufzen ist unsere Rettung, ist ein Ausdruck unserer Hoffnung, die auf Erfüllung wartet. Eine erste Anzahlung ist im Heiligen Geist, der uns ja gegeben ist, schon gemacht, »denn wir haben des Geistes Erstlingsgabe.« Und was angezahlt ist, ist schon fast unser Besitz.

Und jetzt will ich zum Schluß noch ganz deutlich sagen, was das für eine Hoffnung ist. Was also mit der Verheißung gemeint ist »Gottes Kinder sollen offenbart werden« oder »Freiheit der Kinder Gottes« oder »Leibes Erlösung«. Liebe Gemeinde, das ist ganz einfach zu sagen: Jesus Christus kommt wieder. Hoffst du, daß Jesus wiederkommt?

Während des Düsseldorfer Kirchentages hielt Carl Friedrich von Weizsäcker eine Bibelarbeit und berichtete von einem denkwürdigen Besuch bei Karl Barth im Jahr 1953. Der junge Atomphysiker hatte den alten Gelehrten gefragt: »Soll ich weiter Physik treiben, wo doch ein schnurgerader Weg von Galilei zur Atombombe führt?« Und Barth antwortete: »Wenn Sie glauben, daß Jesus wiederkommt, was kaum einer glaubt, dann sollen und müssen Sie weiter Physik treiben.«

Liebe Gemeinde, wenn Sie glauben, daß Jesus wiederkommt, dann wird doch alles gut, was an Seufzern und Ängsten und Volkstrauer unsere Welt, unser Leben belastet. Carl Friedrich von Weizsäcker ist wieder an seine Forschungsarbeit gegangen. Und morgen gehen wir wieder an unsere Arbeit und in unseren Tag. Scheinbar ein Tag wie alle anderen auch. Und doch wird es ein anderer Tag – weil wir neue Hoffnung haben. Weil uns heute gesagt wird: Jesus Christus wird wiederkommen. So gottlos sind wir nicht, daß wir angesichts des Systems des Bösen in der Welt mit Jesus gar nicht mehr rechnen. Darum wird morgen ein neuer Tag. Darum machen wir weiter. Darum hoffen wir immer noch. Darum geben wir nicht auf. Auch wenn es oft nur mit Seufzen und tief-Luft-Holen geht, aber das sind Anzeichen von einer in Geburtswehen liegenden Welt, die neues Leben gebiert. So können wir nur mit einem Loblied enden, denn »ich halte dafür, daß dieser Zeit Leiden der Herrlichkeit nicht wert sei, die an uns soll offenbart werden.« Denn, Gott, dein ist das Reich und die Kraft und die Herrlichkeit in Ewigkeit. Darum, Gott, der du dein Reich heraufführst, in dem es keine Tränen und kein Leid mehr geben wird, stärke in uns die schwache Kraft, den Mächten des Bösen jetzt zu widerstehen, damit dein Reich kommen kann. Das Vaterunser endet nicht mit einem Seufzer über das scheinbar Unabänderliche, sondern mit der festen Überzeugung: »Denn dein ist das Reich und die Kraft und die Herrlichkeit in Ewigkeit.« Darum können wir ganz sicher sein: »Der Friede Gottes, der höher ist als alle Vernunft, bewahrt unsere Herzen und Sinne in Christus Jesus, unserm Herrn.« Amen.

Fürbittengebet

Herr, unser Gott! Wir gedenken heute der Opfer von Krieg und Gewalt in unserer Zeit: der Soldaten, die in den beiden Weltkriegen gefallen, ihren Verwundungen erlegen oder in Kriegsgefangenschaft gestorben sind, der Frauen, Kinder und Männer, die durch Kriegshandlungen, auf der Flucht oder bei der Vertreibung aus ihrer Heimat ihr Leben lassen mußten.

Wir gedenken all derer, die unter der Gewaltherrschaft Opfer ihrer Überzeugung oder ihres Glaubens wurden, und all derer, die getötet wurden, weil sie einem anderen Volk oder einer anderen Rasse zugerechnet wurden.

Wir gedenken der Männer, Frauen und Kinder, die in der Folge des Krieges und wegen der Teilung Deutschlands und Europas ihr Leben verloren.

Wir trauern mit den Familien und Freunden der Gefallenen und Toten all der Völker, die unter den beiden Weltkriegen gelitten haben. Wir trauern mit den Angehörigen der Opfer des Terrorismus, der Kriege und Bürgerkriege unserer Tage.

Wir trauern – doch wir leben in der Hoffnung auf Versöhnung der Völker und Frieden in der Welt – das ängstliche Warten der Kreatur darauf wirst du, Herr unser Gott, nicht überhören. Darum bitten wir dich: Herr, erbarme dich über uns. Amen.

Wie Christen glauben

2. Korinther 5,1–9(10)
Helmut Siegel

An irgendeinem Tag vor 40 Jahren. An irgendeiner Front liegt ein Mann. Er ist tot. Hundert Meter von ihm entfernt kleine versprengte Gruppen von Soldaten. Jeweils einer von ihnen wird bestimmt, Essen für die andern zu holen. Einem dieser Essensholer wird gesagt: »Denk dran, daß ihr ihn mitnehmt, er liegt vorne an der alten Flakstellung. – Weißt du, es ist ein halber, in einer Zeltbahn.«
Als die Essensholer sich treffen, braucht keiner etwas zu sagen, alle sind sich einig: Wir nehmen ihn mit, ihn, der nur noch ein Bündel von Fleisch und Knochen ist.
Wer diese Geschichte von Heinrich Böll heute liest, der mag sich fragen: Warum eigentlich? Warum bringen sich diese vier Essenholer in Lebensgefahr, bergen diesen halben Toten? Gut, das gehört sich so, es ist für die Angehörigen tröstlicher, an einem Grab stehen zu können – aber für den jungen Pionier, der nur noch halb da ist, ist das doch völlig bedeutungslos, oder? »Mit dem Tod ist doch alles aus«, sagen die einen, »was dann mit den Überresten geschieht, ist doch egal!« Andere sagen: »Wichtig ist doch nur die unsterbliche Seele des Menschen, da ist es doch egal, was mit dem Körper geschieht! Oder nicht?«
Zwei völlig verschiedene Antworten auf die Frage: Was kommt nach dem Tod, und beide kommen doch zum gleichen Ergebnis. Mich wundert das, und ich habe mich gefragt: Ist das auch sonst so?
Ist mit dem Tode alles aus, so haben die Toten keine Bedeutung mehr. Der Umgang mit ihnen ist nicht mehr von Ehrfurcht bestimmt, sondern ich benutze sie, wie ich eben Dinge benutze: als warnendes oder glorreiches Beispiel, als Zahlenmaterial zur Aufrechnung von Leiden und Schuld.
Ist für mich mit dem Tod alles aus, so ist allein wichtig, daß ich lebe, angenehm, gut und möglichst lange. Da das alle wollen, es aber nicht alle können, muß ich meine Ellenbogen benutzen, um möglichst viel vom Kuchen abzukriegen. Jede Gelegenheit zum Genuß muß ich nutzen, denn das Leben ist kurz.
Ist mit dem Tod alles aus, so giere ich nach Leben und habe Angst um das, was mir das Leben wertvoll macht. Ich sehe es bedroht von allen, denen es nicht so gut geht wie mir, und es ist mir klar: Sie wollen es mir wegnehmen. Dagegen muß ich mich schützen. Schützen, indem ich dem

anderen den Tod androhe, den immer sichereren, durch immer perfektere Waffen. Ich setze dabei voraus: Der andere denkt genauso wie ich, auch für ihn ist mit dem Tod alles aus, und darum wird er sich nicht in Todesgefahr bringen wollen. Das Prinzip der Abschreckung – eines seiner Elemente ist die Überzeugung: »Mit dem Tod ist alles aus!«
Glaube ich an die Unsterblichkeit der Seele, ist für mich das, was mit dem Körper geschieht, unwesentlich. Das gilt sowohl für den Leichnam wie auch für die Lebenden. Solange das, was ich tue, meine Seele nicht in Mitleidenschaft zieht, ist mir jedes Handeln erlaubt. Geht es mir gut, ist der Körper eine ganz brauchbare Behausung, beeinträchtigen körperliche Leiden meine Seele, ist der Körper ein ärgerliches Gefängnis, das ich lieber heute als morgen verlassen will. Vor dem Tod brauche ich mich nicht zu fürchten, denn: er trifft ja nicht meine Seele, nur meinen Körper. Wenn es denn sein muß, kann ich ruhig die atomare Katastrophe in Kauf nehmen und über mich ergehen lassen. Meiner Seele wird kein atomares Feuer etwas tun können. Der Glaube an die Unsterblichkeit der Seele läßt das Konzept der Abschreckung zu bis zur Selbstvernichtung. Und woran glauben wir, Sie und ich? An das, was in der Bibel steht? Dann sitzen wir, fürchte ich, zwischen allen Stühlen. Hören Sie, was Paulus im 2. Brief an die Korinther schreibt: ...

Ein schwieriger Text, nicht wahr? Auch ich habe längst nicht alles verstanden, aber so viel ist mir deutlich geworden: Gegen beide eben von mir dargestellten Glaubensweisen wendet sich Paulus voller Leidenschaft. »Als Christen wissen wir«, schreibt er, »der Tod ist nicht das Ende.« Woher wir das wissen? Weil Gott am toten Jesus gehandelt hat, ihm neues Leben gab. Ist das beweisbar? Nein. Aber es ist zu erfahren, die Lebendigkeit Christi ist zu erfahren, die unserm Leben eine Richtung geben will, unsere Hände und Füße gebrauchen will.
Wer meint, der Tod ist das Ende, sperrt Christus und Gott aus seinem Leben aus. Und weil er nun ohne Zentrum lebt, wird er im wahrsten Sinne des Wortes »verrückt«: er schafft den millionenfachen Tod, um das Leben zu sichern. Weil sein Leben kein Ziel hat, nur ein Ende, lebt er ziellos, nur im Augenblick.
»Wir wissen«, sagt Paulus, »unser Leben hat ein Ende und ein Ziel, sein Ende ist der Tod, sein Ziel ist: durch nichts mehr von Gott getrennt sein. Dies Ziel bestimmt die Richtung unseres Lebens. Gegenüber diesem Ziel erscheint uns unser jetziges Leben nur als armselige Hütte.
Also doch: unsterbliche Seele, der Leib eine armselige Hütte, der wir am liebsten entfliehen möchten?
Nein, sagt Paulus. Wir Christen glauben nicht an eine unsterbliche Seele, denn wir nehmen den Tod ernst und wir nehmen Gott ernst. Was stirbt, ist nicht mein Körper, *ich* sterbe, da bleibt von mir nichts. Und es ist allein

Gottes überwältigendes Handeln an mir, daß er aus dem Nichts mich wieder neu schafft, mich als Person, ich mit einem Leib, jetzt nicht mehr Hütte, sondern himmlisches Haus.
Wie das zugehen soll? »Ich weiß nicht«, sagt Paulus, »aber wir wissen: Ein Leben ohne Leib ist nicht vorstellbar, darum wird Gott uns das geben, was wir zu diesem neuen Leben brauchen«.
»Schon körperliche Nacktheit ist euch peinlich!« sagt Paulus, »und da meint ihr, eure Seele hält die radikale Nacktheit ohne Körper aus? Was seid ihr doch von euch überzeugt! Meint ihr, ihr würdet vor den Augen Gottes gut dastehen?«
»Sicher«, schreibt er, »ich kenne das: Wir alle sind dieses Lebens oft überdrüssig, aber Gott hat das so bestimmt: es gibt kein Ziel ohne Weg. Und dies Ziel kann ich nicht ausmalen, solange wir auf dem Weg sind. Aber wir gehen im Vertrauen auf Gottes Treue unsern Weg.
Auf diesem Weg ist es höchst wichtig, was ihr tut, mit eurem Körper, euren Gehirnen, Händen und Füßen. Denn es geht doch darum, am Ende unseres Weges Gott unter die Augen treten zu können.
So hat unser Leben nicht nur ein Ziel, sondern auch eine klare Richtung; Es geht darum, so zu leben, daß es Gott wohlgefällt. Und davon ist kein Tun ausgenommen, da gibt es keine Sonderbereiche unserer Existenz, in denen Gott nichts zu sagen hätte. Sie liegen nachher alle offen vor ihm.«
Merken Sie? Der Glaube der Christen setzt Sie zwischen alle Stühle:
Sie nehmen das Leben so wichtig wie der, der meint: »Mit dem Tod ist alles aus«, aber sie tun dies, weil sie wissen: wir werden nach dem Tod Gott unter die Augen treten müssen.
Christen glauben daran, daß es mit dem Tod nicht aus und vorbei ist, wie die, die an eine unsterbliche Seele glauben, aber sie nehmen den Tod ganz ernst, und weil er so schrecklich ist für sie, drohen sie nicht mit ihm und wünschen ihn keinem.
Ich behaupte: Der junge Pionier, dieses Bündel Fleisch, das die Essenholer schleppen in der Geschichte von Heinrich Böll, ist daran gestorben, daß zu viele Christen nicht wie Christen glauben, sondern an die Unsterblichkeit der Seele oder an den Tod als absolutes Ende. Und die einzige Hoffnung nicht nur für alle Soldaten, sondern für uns alle ist, daß immer mehr Christen wie Christen glauben. Erst aus dem richtigen Glauben wird das richtige Handeln kommen, so wie uns unser Unglaube oder Irrglaube letztlich so verhängnisvoll handeln läßt wie bisher.
Das Ende der Geschichte von den Essenholern ist wie ein Kommentar zu dem, was Paulus sagt:

Eine Granate explodiert in unmittelbarer Nähe der vier Essenholer. Ich wartete fast neugierig auf den Schmerz, aber da war nichts, nichts als ein großer Trichter zu meinen Füßen.
Ich ging mutig nach vorne in den Trichter hinein, aber ich fiel nicht und sank nicht; weiter,

weiter ging ich, immer wieder auf wunderbar sanftem Boden unter dem vollendeten Dunkel des Gewölbes. Lange überlegte ich, was es heute wohl geben würde in der Küche ... bis der große, gelbe, glänzende Stern vor mir aufstieg und sich am Gewölbe des Himmels festpflanzte. Da wußte ich, daß ich an einem anderen Ziele war und wahrheitsgemäß vier und einen halben würde melden müssen, und als ich lächelnd vor mich hinsagte: viereinhalb, sprach eine große und liebevolle Stimme: Fünf!

Bei Gott gibt es keine halben Leiber, so wenig es vor ihm unsterbliche Seelen ohne Leiber gibt. Vor Gott gibt es nur ganze Menschen, wieder ganz. Paulus glaubt das, Heinrich Böll folgt ihm. Wie sehr sich der Christ Heinrich Böll gerade in der Frage nach dem Frieden zwischen alle Stühle gesetzt hat, das wissen Sie und ich: Also: was glauben wir? Aber nicht gemessen an unserm Reden, sondern an unserm Denken und Handeln?

(Geschichte »Die Essensholer« aus: H. Böll, Wanderer, kommst du nach Spa ...«, dtv TB, S. 19–95.

Buß- und Bettag

Nathan, David und die kleinen Leute

2. Samuelis 12
Martin Stöhr

Die Geschichte vom König David ist uns bekannt. Der Predigttext für heute ist ein kleiner Ausschnitt aus dieser farbigen Überlieferung. König David hat von seinem Palast Einblick in die Höfe der Nachbarhäuser. Er sieht eine schöne Frau beim Baden. Da David nicht nur ein Mann, sondern auch mächtig und potent ist, sagt und verwirklicht er: die muß ich besitzen. Uria, der Ehemann von Bathseba, wird ausgeschaltet, an die Front geschickt, wo sie am gefährlichsten ist. Der rechtmäßige Eigentümer ist durch Heldentod beseitigt. Der neue Eigentümer nimmt sich souverän, was er will.
(Textlesung)

Die Gestalten der biblischen Geschichten sind unsere Zeitgenossen. Die biblische Botschaft schaltet nicht gleich, wohl aber synchronisiert sie Erfahrungen und Inspirationen von damals mit uns heute. Die Figuren aus der Davidsgeschichte sind also meine Gesprächspartner.
Ich interviewe die Beteiligten und höre das Kind sprechen, das ungewollt geboren wurde. Warum muß ich sterben? Ich bin an der Vergewaltigung meiner Mutter und der Ermordung ihres Mannes doch unschuldig. Warum überlebt mein Vater David, der mich mit Gewalt gezeugt hat? Warum bricht mein Leben ab, ehe ich groß bin? Müssen immer die Kinder die Gewalttaten der Mächtigen mit dem Leben bezahlen?
Die Diener, von denen die nachfolgende Geschichte berichtet, erleben den Tod dieses Kindes mit. Sie haben Angst, dem König zu melden, daß das Kind gestorben sei. Wir wissen doch, wie gewalttätig er sein kann. Wir sind doch nicht blind, wir wissen doch, was passiert ist, aber wir haben auch die Liebe gesehen, mit der er sich um das Kind sorgte. Der König war auch krank wegen des kranken Kindes. Aber dann ging er zur Tagesordnung über. »Er ging nach Hause.« Wir wundern uns nicht mehr: wo soviel Macht ist, hat die Menschlichkeit es schwer. Und denken Sie doch bitte an die Leute, die jetzt mit Recht sagen: das kommt dabei heraus, wenn wir sagen, wir wollen einen König wie alle anderen Völker auch. Und nun geht es in Gottes Volk zu wie bei Krethi und Plethi.

Und Bathseba sagt mir bitter: Ich wurde wie eine Sache behandelt, mein Mann ermordet, mein Kind ist gestorben. Warum? Warum? So wie die Bibel mein Leben beschreibt, ist dieses Leben ein schreiender Protest gegen die Gewaltförmigkeit der Liebe, die doch die persönlichste und intimste Beziehung zwischen Menschen sein soll, ein Protest gegen die Verdinglichung der Frau. Aber was blieb mir übrig? Ich arrangiere mich. Ich wurde Königin und Mutter eines Königs. Ja, wenn Salomo, mein zweites Kind nicht gewesen wäre ... Aber ich bleibe stumm in der Geschichte. Mehr als ein Objekt von Lust und ein Opfer von Macht bin ich nicht, aber denken Sie bloß nicht, daß meine Stummheit bedeutet, daß ich nichts zu sagen hätte. Ich bin froh, daß es Nathan gab. Später habe ich mich mit ihm zusammengetan, damit wenigstens Salomo König werden konnte. Nein, leicht haben es die nicht, die man kommandieren kann.

Und der Erzähler sagt mir: Ehrlich, ich bin kein Hofberichterstatter. Schauen Sie sich doch die Berichte über die anderen altorientalischen Könige an, die triefen von Unterwürfigkeit und Schönfärberei. Schonungslos habe ich die Allzumenschlichkeit der Mächtigen in der Bibel aufgeschrieben, die die Menschlichkeit fast erstickt. Kein Volk hat seine Machthaber so kritisch beschrieben wie das Volk der Bibel. Manchmal habe ich den Eindruck, daß dieser biblische Realismus noch nicht genügend gewürdigt ist – von den Frommen nicht und von den Unfrommen auch nicht. Vom davidschen Königstum bis zum Todesurteil durch Pontius Pilatus wird deutlich, wie brutal Staatsgewalt handeln kann. Ist euch das heute eigentlich klar?

David gibt zu, daß er Unrecht getan hat. Er weist darauf hin, daß er bereut: Der Schock war heilsam für mich, den Nathan gezielt auf mich zuspitzte. Aber Sie müssen doch zugeben, Bathseba geht es nicht schlecht bei mir. Sie hat mit mir Karriere gemacht, und sie ist sehr anschmiegsam (Bathseba ruft dazwischen: Was bleibt mir auch anderes übrig? Was du anschmiegsam nennst, ist für mich der Zwang zur Anpassung). Wenn ich mir meine Königskollegen zwischen Afrika, Asien und Europa anschaue, dann kann ich nur sagen, so besonders übel bin ich gar nicht. Was ich tue, ist üblich. Alle machen es. Und im übrigen vergessen Sie doch nicht die positive Perspektive: Was bedeutet Salomo, der Tempel, seine Weisheit und seine Urteilsfähigkeit für das Volk Gottes und für viele Völker! In aller Bescheidenheit darf ich darauf hinweisen, daß Sie doch ganz gerne meine Psalmen lesen. Oder? Und den Christen möchte ich besonders sagen, wie wichtig ich in der Vorgeschichte Christi bin. Schließlich stammt dieser Davidssohn aus unserer Familie. Hat er nicht vieles wieder gutgemacht?

Zusammengeschlagen setzt Uria sich neben mich: Wir kleinen Leute zahlen die Zeche für die Genüsse der Reichen. Ich bin froh, daß es wenigstens einen Nathan gibt, der Unrecht Unrecht nennt, Gewalt Gewalt. Manchmal überlege ich mir, daß ich sicher noch am Leben wäre, wenn die Propheten etwas früher die Dinge beim Namen nennen würden, vor allem, wenn sie aufmerksamer gehört würden. Viele Menschenleben wären nicht bedroht und Berge von Schuld nicht aufgehäuft worden, wenn die Frühwarnsysteme – entschuldigen Sie den militärischen Ausdruck – durch die Propheten nicht erst dann wirksam würden, wenn die Gewalt sich brutal durchgesetzt hat. Gut, die Propheten werden auch nicht immer gehört. Aber es ist wichtig, daß es sie gibt, damit auf Recht und Gerechtigkeit hingewiesen wird, damit Schuld aufgedeckt wird und Irrwege vermieden werden.

Ich träume, nachdem ich ein Interview des Beauftragten der anglikanischen Kirche in Washington gelesen habe, er vergleicht die Aufgabe der Beauftragten der Kirchen am Sitz der Regierungen mit der Aufgabe Nathans gegenüber König David.
Unsere Kirchen haben einen Propheten am Hof in Bonn, genauer zwei, einen evangelischen und einen katholischen, was die Sache nicht einfacher macht. Ich träume: sie einigen sich – was nicht immer vorkommt – und gehen zum Empfang des Bundeskanzlers. Sie erzählen ihm eine Geschichte. Es war einmal ein kleines Dorf, es hatte nur drei Häuser. Das Dorf war hübsch, schön gelegen, mitten in einer wunderbaren Landschaft. Jedes der Häuser hat Land, es wächst auch viel dort, der Boden steckt voller Reichtümer.
Das erste Haus steht oben am Berg, gut gebaut, modern. Die Rolläden funktionieren automatisch, das Hoftor öffnet sich automatisch. Riesige Unterhaltungs- und Produktionsapparaturen füllen das Haus und seine Umgebung.
Das zweite Haus steht auch oben. Die Rolläden funktionieren auch automatisch, noch nicht das Hoftor. Aber das ganze Streben der Bewohner des zweiten Hauses geht darauf hin, auch das Hoftor automatisch öffnen zu können. Während die Bewohner von Haus Nr. 1 schon sagen: Wir könnten Komfort und Fortschritt noch weitertreiben. Wir sind dabei, eine Salatpflanz- und Salaterntemaschine zu entwickeln. Das know-how steht uns zur Verfügung. Viel dazu haben wir dadurch gelernt, daß wir gezwungen waren, uns 12000 Pistolen zu kaufen, auch wenn wir nur 10 Leute sind, die in dem schönen Haus wohnen. Wir müssen uns und unsere Errungenschaften schließlich verteidigen. Die 10 Bewohner des Hauses Nr. 2 reden ähnlich, und beide sehen es nicht gern, wenn beispielsweise naive Kinder fragen: Wie leben die da drüben eigentlich?

Beide haben es nicht gern, wenn Nachrichten aus dem einen Haus ins andere gebracht werden, wenn die Leute sich besuchen. Beide riechen es aber gern, wenn im Nachbarhaus der Kuchen anbrennt und nicht gelingt. Pannen und Unglück im andern Haus führen zum Lustgewinn im eigenen. Haus Nr. 2 lebt auch in dem Gefühl, von den anderen bedroht zu sein. Schließlich gibt es 12000 Gründe für die Angst, überfallen zu werden. Und darüber hinaus hat Haus Nr. 1 ja schon eine Salatpflanz- und Erntemaschine erfunden, die wir noch nicht haben, wir pflücken noch mit der Hand, sind also noch unterlegen. Das Gleichgewicht muß erst noch erreicht werden. Dazu haben wir auch nur 11999 Pistolen, und alle haben nicht den schönen kleinen Goldknopf am Abzug, über den das andere Haus verfügt.
Im Haus Nr. 3 wohnen etwa 100 Leute. In den beiden ersten Häusern unterhält man sich wenig über deren Lebensbedingungen, man hat nur das Gefühl, daß die eigentlich auch Pistolen brauchen und damit den Häusern 1 und 2 Gelegenheit geben, unendliche Wohltaten (z. B. durch Kredite zum Ankauf und zur Nachlieferung von Munition) zu ermöglichen. Es läßt sich von oben beobachten, daß die Bewohner des 3. Hauses unten oft Hunger haben. Gelegentlich sieht man auch einen Leichenzug das Haus verlassen. Die Leute tragen ihre Särge offen, meistens sind es Kinder. Wenn eine Beerdigung im 1. und 2. Haus stattfindet, sieht man keine Toten, in Zink- oder Eichensärgen sind sie versteckt, hinter Teakholz und Blumen, hinter Schminke und Festlichkeiten begraben, längst bevor sie unter der Erde sind.
Das Dorf ist klein, es ist schön, es hat viel Land, doch Haus Nr. 1 und Nr. 2 sagt: Gebt uns doch ein wenig von dem, was in eurem Land steckt, dann kriegt ihr auch die schönen Pistolen, dann werdet ihr so wie wir: entwikkelt! Ihr seht doch, Reichtum und Sicherheit gehören zusammen. Da es mit dem Reichtum noch ein wenig hapert bei euch, könnt ihr ja schon einmal mit der Sicherheit anfangen.
Diese Geschichte erzählt Nathan West nicht nur seiner Regierung in Bonn, sondern auch Nathan Ost seiner Regierung. Beide Davids hören ihren Nathanen mit wachsender Empörung zu. Sie finden das Verhalten der Bewohner von Haus Nr. 1 und Nr. 2 hirnrissig und kurzsichtig. Und sagen, wir werden der Sache nachgeben. Nathan West bekam zu hören: Wir legen sehr großes Gewicht, Nathan, auf Ihre Meinung, bei uns kann jeder Nathan sagen, was er will. We like Nathan. Nathan Ost bekam zu hören: Wir lassen jeden Nathan auch arbeiten, obwohl wir Schwierigkeiten haben, die Wissenschaftlichkeit seiner Analysen und Politikvorschläge zu verstehen. Aber beide sagten: Wir wollen die Produktion und Verteilung von Pistolen einstellen, das kleine Dorf könnte ja durchlöchert zugrunde gehen. Vielleicht sollten wir wirklich mehr Geld und Phantasie

darauf verwenden, herauszufinden, warum so viele Leichenzüge das 3. Haus verlassen müssen. Das kann doch nicht nur daran liegen, daß dort so viele Leute sind. Vielleicht sollte in dem Dorf ein gemeinsamer Gemeinderat gebildet und mit Vollmachten ausgestattet werden.

Eine wahre Geschichte: Nach der Stationierung der Pershing II und nach dem Beginn der Stationierung von SS 20 in der DDR und in der CSSR treffen sich Kirchenleute aus der Bundesrepublik und aus der DDR. Die DDR-Kirchenleute drücken ihre Enttäuschung darüber aus, daß die Kirchenleitung in der Bundesrepublik so zurückhaltend gegen die Nachrüstung in ihrem Land, die neue Nachrüstungen produziert, protestiert habe. Die Vertreter aus der Bundesrepublik entschuldigen sich mit dem Argument: Ihr lieben Brüder, das müßt ihr verstehen, wir haben Christen in unserer Regierung, die können wir doch nicht vor den Kopf stoßen. Ach so, sagen die DDR-Vertreter, wir dachten, wir hätten es schwieriger, weil wir Nicht-Christen in der Regierung haben.

Die kleinen Leute, die von den Mächtigen abhängig sind, bezahlen mit ihrem Leben. Uria und das Kind verlieren ihr Leben. Bathseba bezahlt mit einer Biographie, die fremdbestimmt ist durch den allein gültigen Willen und die fast unbeschränkte Macht eines mächtigen Mannes. Der egoistische Gebrauch von Macht tötet und deformiert Menschen – im großen wie im kleinen.
Dabei weiß David im Grunde, was Recht und was nicht Recht ist. Trotzdem verletzt er Recht und Gerechtigkeit und die Menschen dazu. Gott wird von ihm erst angerufen, als Nathan ihm die Geschichte von dem armen Mann und seinem konfiszierten Schaf erzählt. Da sagt David: So wahr der Herr lebt: der Mann ist ein Kind des Todes! Ist das eigentlich richtig, daß Gott erst da ins Spiel gezogen wird, wo es um die Sühne von Schuld, um Gericht und Strafe geht? Warum wird Gott vergessen, wo es um die Vorbereitung dessen geht, was Unrecht und Gewalt ist? Nathan läßt den König sich selbst sein Urteil sprechen. Es ist ein Todesurteil. Es kann nicht aufheben, daß der unschuldige Sohn sterben muß. Aber die Nathangeschichte verstärkt die Botschaft von drei anderen biblischen Geschichten:

- die prophetische, biblische Botschaft verschärft die befreiende Fähigkeit, trotz Splitter im Auge der anderen den Balken im eigenen Auge zu sehen und sich entfernen zu lassen.
- Kain und der Mörder, der Schächer am Kreuz, zeigen, daß Gott auch Mörder liebt. Er liebt nicht den Mord. Er praktiziert – ansteckend für

uns – Feindesliebe, die nach der infamsten Gewalttat Wege zum Neuanfang sucht und geht. Dadurch wird nicht das Unrecht gerechtfertigt oder Gottes Strafe, sondern der mühselige Versuch gemacht, die Kette von sich ständig fortsetzender Gewalt zu unterbrechen, damit nicht Unrecht neues Unrecht zeugt.

David, der Machthaber, ist ansprechbar. Menschen sind ansprechbar. Wer sich – und sei es noch so nominell – zur Gemeinde Gottes zählt, ist ansprechbar auf das, was dort gilt und was diese Gemeinde Gottes konstituiert, belebt und kritisiert: die Leidenschaft Gottes für den Menschen, für Recht und Gerechtigkeit, für Liebe und Überwindung von Schuld.

Von Rabbi Bunam wird berichtet: Nicht daß die Menschen schuldig werden und Sünden begehen, ist die große Schuld der Menschen. Die Versuchung ist groß und die Kraft der Menschen gering. Die große Schuld der Menschen ist, daß sie in jedem Augenblick umkehren können und es nicht tun.

Nathan, der Prophet, ruft zur Umkehr. Gottes Volk – und wir sind durch Christus in diese Davidsgeschichte hineingezogen – ruft zur Umkehr. Und Rabbi Bunam erzählt seine Geschichte genau deswegen, weil Umkehr möglich ist. Schuld muß, auch wenn sie geschehen und schwer zu tragen ist, nicht lasten und lähmen. Vergebung ist möglich im kleinen wie im großen. Die Unterbrechung der Kette von Gewalt, Vergewaltigung, von Pistolensammlungen und Hungerduldung ist möglich. Dazu gibt es Gottes Volk auf dieser Erde. Die Lesung des heutigen Sonntags erinnert an den Reichtum der Barmherzigkeit Gottes, an die Tatsache, daß Christus genau dazu gestorben ist, daß die Schuld nicht wie ein Flächenbrand um sich greift, sondern daß Umbarmherzigkeiten und Lieblosigkeiten durch Barmherzigkeit und Liebe in neue Lebensqualitäten verwandelt werden. Dazu gibt es eine Gemeinde Gottes.

Von Verzagten und Versagern

Matthäus 25,14–30
Gerhard Marcel Martin

Buß- und Bettag pendelt – wenn er nicht geradezu eine Inszenierung von Zerknirschung und Demütigung ist – zwischen Sätzen von Gericht und Gnade, Verurteilung und Freispruch, Schuld und Sünde und Vergebung, Gott dem Richter und Gott dem Retter. – Bei dem biblischen Text, den ich dieser Bußtagspredigt zugrunde lege, ist das eindeutiger – er kehrt die erbarmungslose Richterseite Gottes hervor. Viele von uns haben diese Geschichte von den anvertrauten Pfunden oft gehört; sie hat in den Jahrhunderten *ihren* Teil dazu beigetragen, sich Gott als Angstmacher und Einschüchterer vorzustellen. Damit soll sich meine Predigt beschäftigen:
Lesung

Unser Predigttext erzählt von Erfolgreichen, deren Geschichte zur Nachahmung empfohlen wird; und er berichtet von einem Versager, dessen Geschichte zur Warnung mitgeteilt wird. Er empfiehlt, mit den anvertrauten Pfunden, mit den »Talenten«, wie es im griechischen Text heißt – ursprünglich meinte »tálanta« ein Gewicht, dann verschiedene Münzeinheiten, schließlich auch sehr viel mehr und anderes – aus einem Kontoauszug wird ein Persönlichkeitstest – unser Predigttext empfiehlt, mit den anvertrauten Pfunden zu wuchern. Damit auch für uns der Spruch gelte: »Wer da hat, dem wird gegeben werden, und er wird Überfluß haben.«
Hinter diesem Satz steckt Erfahrung – nicht nur egoistisch-raffgierige, nicht nur materielle oder kapitalistische. Wenn es mir gut geht, geht es mir immer besser. Wenn ich im Licht stehe, wird es immer heller. Wenn ich es schaffe (reichlich riskant manchmal und vorbehaltlos) zu lieben und zu vertrauen, kommen mir auf einmal viel Vertrauen und Liebe entgegen. Das ganze Klima ändert sich womöglich. Ereignishafter, weniger so, als ob alles von mir ausgehen müßte, gesagt: Wenn das Geschenk der Liebe meine Skrupel, meine Ängste, meine Unsicherheiten überwindet, werde ich auf einmal frei und offen; dann wird vieles möglich, was vorher unmöglich war! »Wer da hat, dem wird gegeben werden, und er wird Überfluß haben.« Masken können abgesetzt werden; falsche Sperren lösen sich in Wohlgefallen auf. Vor Freunden, vor Arbeitskollegen, in der Familie muß man nicht mehr Theater spielen. Es gibt nicht nur die Zunahme von Gewalt, sondern auch eine Steigerung von Offenheit und Liebe. »Wer da hat, dem wird gegeben werden, und er wird Überfluß haben« – das *kann* Ausdruck der Erfahrung derer sein, die unter das froh und frei machende Evangelium geraten.

Allerdings kann man – wie schon angedeutet – diesen Spruch auch materialistischer und egoistischer lesen. Jedenfalls in der Kirchengeschichte der Neuzeit wurde diese Geschichte in solcher Richtung verstanden. Begüterte und Begabte entdeckten in ihm die Bestätigung ihrer eigenen Lebenseinstellung, eine christliche Rechtfertigung des Gewinn- und Erfolgsstrebens, die Ermutigung, Zins zu nehmen und reich zu werden. Die Moral, die man in ihr entdeckte, hieß: Wem Gott eine Gewinnchance zeigt, der muß sie sich zunutze machen. Zitat: »Wenn Gott Euch einen Weg zeigt, auf dem Ihr ohne Schaden für Eure Seele oder für andere in gesetzmäßiger Weise mehr gewinnen könnt als auf einem anderen Wege, und Ihr dies zurückweist und den minder gewinnbringenden Weg verfolgt, dann kreuzt Ihr einen der Zwecke Eurer Berufung, Ihr weigert Euch, Gottes Verwalter zu sein und seine Gaben anzunehmen, um sie für ihn gebrauchen zu können, wenn er es verlangen sollte. Nicht freilich für Zwecke der Fleischeslust und Sünde, wohl aber für Gott dürft Ihr arbeiten, um reich zu sein.« So wörtlich Sätze des englischen Puritaners Richard Baxter aus der zweiten Hälfte des 17. Jahrhunderts (zu finden in Max Webers Darstellung und Kommentar zur protestantischen Ethik). Hier wird die Geschichte von den Talenten zum Kleinen Katechismus des Kapitalismus und dient zur Stabilisierung gegebener Machtverhältnisse: Alle sind in die Pflicht genommen, soviel wie möglich aus sich herauszuholen. Menschen sind verschieden ausgestattet in bezug auf Wissen, »Vermögen« und andere Fähigkeiten, entsprechend haben sie Macht und Reichtum oder nicht.
Was geschieht mit dem Versager, den weniger »Begabten« bei einer solchen Weltsicht, bei einem solchen Menschenbild, bei solchem Verständnis von Gott? Hier wird die Geschichte sehr mißverständlich und endet – schlimmer und darüber hinaus – für den letzten mit Heulen und Zähneknirschen. Die ganze Geschichte verheißt ja nicht nur die Fülle, sondern droht auch mit Finsternis. Der schöne Spruch: »Wer hat, dem wird gegeben ...« findet seine Fortsetzung in dem Satz: »Wer nicht hat, dem wird auch, was er hat, genommen werden.« Gehen wir noch einmal zur Geschichte zurück:
Da ist also ein Herr, der seinen Knechten Pfunde anvertraut, dem einen zehn, dem anderen fünf, dem dritten nur eines – einem jeden nach seinem Vermögen, nach seinen Fähigkeiten: Der am wenigsten bekommt, dem traut der Herr offenbar nicht viel zu. Und als der Herr schließlich abrechnet, zeigt sich, daß der, dem er nicht viel zugetraut hat, seinem Herrn seinerseits nicht über den Weg traut: »Herr, ich wußte, daß du ein harter Mann bist, daß du erntest, wo du nicht gesät hast, und sammelst, wo du nicht ausgestreut hast, und ich fürchtete mich ...«
Was ist das für ein Mann, der unnütze Knecht? Ein übler Kerl, ein fauler

Bursche (wie Zink übersetzt)? Warum hat er denn das Geld vergraben (was übrigens ein sehr korrektes Verhalten im Alten Orient war; das Vergraben von anvertrauten Gütern galt als besondere Sorgfalt!)? Manche Ausleger bescheinigen dem Knecht »Selbstsicherung«; er stelle den unsicheren und müden Christen dar, der nicht bereit sei, etwas für die Sache des Reiches Gottes zu wagen. Aber warum ist er so müde und unsicher? Ich glaube, den tiefsten Grund sagt er selbst – und ich habe nicht den Eindruck, daß das eine Ausrede ist und daß es hier viel zu psychologisieren gäbe: »Ich hatte Angst!« Der Knecht, dem der Herr nicht viel zutraut, traut seinem Herrn nicht über den Weg, er hält ihn für einen harten Mann und hat Angst vor ihm.
War diese Angst unbegründet? Leider nein. Der Knecht wird in der Reaktion des Herrn auf sein offenes Eingeständnis, er habe Angst, glänzend bestätigt: Der harte Mann schickt ihn in die Finsternis. Der Knecht zeigt seine Schwäche, und der Herr zeigt Stärke. Das ist das Gegenteil von Liebe. Die Rückfrage des Herrn, woher der Knecht denn wisse, daß er ein harter Mann sei, ist angesichts seiner Reaktion zynisch. Das wechselseitig gestörte Vertrauensverhältnis endet mit dem absoluten Bruch. Der Herr vertraut dem Knecht nichts mehr an und stößt ihn in die Finsternis. Die Geschichte vom »unnützen Knecht« ist im tiefsten die Geschichte vom ängstlichen Knecht und vom Angst machenden Herrn. Dabei wollte sie den Knechten Mut machen und sie zur Wachsamkeit rufen – aber in der Geschichte ihrer Auslegung hat sie – wie wir sahen – bestimmten Herren Mut gemacht, und die Knechte hat sie eingeschüchtert. Die Geschichte, die Mut machen wollte, endet aggressiv und resignativ: Sie zeigt einen aggressiven Herrn und einen resignierten Knecht. Und sie zeigt nicht, wie man angesichts eines solchen Herrn aus der Unsicherheit und aus der Angst in die Fülle, die die Geschichte doch auch verheißt, aus der Müdigkeit in die Wachheit, aus der Furcht in die Freiheit, aus der Resignation zu neuem Mut gelangt. Sie erschreckt vielmehr die, die unfrei und ängstlich leben, und bestätigt und zementiert deren Angst. Ich glaube: Die Geschichte braucht einen neuen Herrn, einen besseren Pädagogen, vielleicht sogar einen Freund. Dann wäre sie keine Geschichte mehr von Skrupulanten und wäre weniger offen für den Mißbrauch von verschiedensten Seiten. Erst *diese* Geschichte wäre eine »Geschichte vom lieben Gott«, wie das Evangelium sonst von ihm erzählt und wie wir in der Liturgie von ihm gehört haben: »Ich will das Verlorene wiedersuchen und das Verirrte zurückbringen und das Verwundete verbinden und das Schwache stärken.« (Hesekiel 11) »Der Herr stützt alle, die da fallen, und richtet alle Gebeugten auf.« (Ps. 145) – statt ihnen noch einen Tritt zu versetzen. Die Müden und Ängstlichen, die Kleingläubigen und Skrupulanten in die Finsternis zu schicken, ist jedenfalls nicht die

evangeliumsgemäße Lösung: die Versager werden in die Nacht geschickt, dann können die anderen unter sich Advent feiern.
Gewiß: Buß- und Bettag ist kein Freudenfest, kein billiges Evangelium! Es gibt keine Gnade ohne strenge Maßstäbe! Unsere Erfahrungen mit unserer Schuld – die Spannung zwischen dem, was wir einsehen und im Grunde wollen, und dem, wie wir alltäglich leben, soll uns nicht ausgetrieben werden. Sondern sie soll zur Sprache kommen, sie soll vor Gott kommen. Gott ist streng, er will Klarheit, aber er hält *mehr* und nicht *weniger* Widersprüche aus als wir. Genau das ist »Güte«.
Gott schickt die Verzagten und die Versager nicht in die Finsternis; da ist die Gesamtheit der biblischen Botschaft – Gott sei Dank – so deutlich, daß eine einseitige und mißverständliche Geschichte nicht dagegen an kann. Gott schickt die Verzagten und die Versager nicht in die Finsternis. Ganz im Gegenteil: Die Nacht ist vorgedrungen ... (EKG 14, 1,4 u. 5).

Ja zum Leben!

Markus 1,14–15
Heinz-Dieter Knigge

Buß- und Bettag. Seit einigen Jahren geht mit diesem Tag die Friedensdekade in den evangelischen Kirchen der DDR und der Bundesrepublik zu Ende. Damit ist mir der Rahmen für diese Predigt vorgegeben. Ich glaube, daß es ein sehr sinnvoller Rahmen ist. Ich glaube, daß kein anderer Weg zum Frieden führt als der der Buße und des Betens. Ich glaube, daß wir Christen diesen Weg gehen müssen. Ich glaube, daß es ein sinnvoller Weg ist, der nicht ins Leere führt. Ich hoffe, daß wir auf diesem Weg nicht allein bleiben. Unser Glaube ist schließlich nicht unvernünftig. Unser Glaube gibt unserer Vernunft Kraft und Mut und Hoffnung. Unser Glaube erleuchtet unsere Vernunft. Und Kraft und Mut und Hoffnung brauchen wir, um den Weg der Buße und des Betens zu gehen; um zu Menschen zu werden, die Frieden machen. Selig sind sie, die Friedensstifter, sagt Jesus in einer Seligpreisung: Sie werden Gottes Kinder heißen. Mut und Hoffnung, Glauben, Vertrauen und Liebe brauchen wir, um vernünftig werden zu können, um zu sagen: Schluß mit dem atomaren Wahnsinn, der die Menschheit mit totaler Vernichtung bedroht – um entsprechend zu handeln und zu leben. Uns ist der Weg gezeigt:

Buße und Beten. Der Weg, der vom Wahnsinn, der mißbrauchten Vernunft, zum Frieden führt, bei dem Glauben und Vernunft keine Gegensätze mehr sind, wird uns zum Ziel bringen. Wir haben keine andere Wahl mehr. Wir können, wir müssen ihn gehen: Es gibt noch Hoffnung, auch wenn die Verhandlungen in Genf scheitern. Unsere Hoffnung hat andere Gründe.
Ich habe Angst. Angst davor, daß mancher denkt: Jetzt redet er schon wieder vom Frieden! Ich höre manch einen seufzen und sagen: Ich kann dieses Wort nicht mehr hören! Und ich sage dagegen: Es ist im Augenblick wohl das wichtigste Wort. Es hat mir viele von unseren religiösen Wörtern wieder nahe gebracht, die mir fremd geworden waren im Laufe der Zeit. Auch das Wort Buße. Auch das Beten. Bitte, nehmen Sie mir's ab. Ich will wohl gleich noch mehr darüber sagen. Wenn wir das Bild in den Rahmen gehängt haben – unseren Predigttext. Markus stellt seine Darstellung des Wirkens Jesu unter folgende Überschrift. Er schreibt Kapitel 1, 14–15:
»Nachdem aber Johannes gefangen gesetzt worden war, kam Jesus nach Galiäa und predigte das Evangelium Gottes und sprach: Die Zeit ist erfüllt und das Reich Gottes ist herbeigekommen. Tut Buße und glaubt dem Evangelium.«
Diese Sätze schreibt jemand, der noch nichts von SS 20 und Pershing 2 wußte. Und doch wollen seine Worte in unsere Zeit hinübergezogen werden und zu uns reden. Die Zeit ist erfüllt. Ich denke unwillkürlich an das Lied, das wir auf dem letzten Kirchentag in Hannover gesungen haben: »Die Zeit ist da für ein Nein ohne Ja, sag nein. Sag nein!« Wir leben in einer Zeit, die angefüllt ist vom Nein! Und auch das Wort, dem wir einmal im Jahr zumindest einen zusätzlichen freien Tag mitten in einer Woche verdanken, sagt zunächst einmal: Nein. Buße! Ich habe es lange Zeit für ein bedrohliches Wort gehalten. Wer läßt sich das auch gerne sagen: Der Weg, den du gehst, führt in die Irre! Kehr um! Du suchst das Leben – und Du läufst dem Tod in die Arme! Jetzt kann ich gar nicht anders. Ich muß dieses Wort Buße, Umkehr, mit unserem Waldsterben, mit Grenada und Afghanistan, mit SS 20 und Pershing 2 verbinden. Und das Wort Buße, die Aufforderung zur Umkehr, wird für mich unheimlich lebendig. Das Wort redet zu mir. Was höre ich? Eine bittere, aber wohl notwendige Wahrheit: Jemand hat sie so formuliert: Wir alle haben an der Atombombe, an den Raketen mitgebaut. Ich führe den Gedanken weiter: Wir alle lassen unsere Wälder sterben. Wir alle sind in Afghanistan, in Grenada mit einmarschiert. Was sage ich da? Rede ich Unsinn? Ich hoffe, nicht! Uta Ranke-Heinemann hat einmal gesagt, die Raketen seien die Götzen, das goldene Kalb, unserer Zeit. Wir opfern ihnen tüchtig: Zwei Milliarden täglich werden weltweit für Rüstung ausgegeben. Derweil

sterben täglich, ich weiß nicht wieviel Menschen, weil sie nicht genug zum Essen haben. Wir opfern diese Menschen auf dem Altar unseres Gottes »Sicherheit«. Wir opfern sie unserer Angst. Wir opfern sie unserem Bedürfnis nach Selbstbehauptung, unserem Wunsch, der Größte, der Stärkste zu sein. Das steckt in uns allen. Die Raketen, unsere sterbenden Wälder, die Russen in Afghanistan und die Amerikaner auf Grenada halten uns einen Spiegel vor. Wagen wir, hineinzuschauen? Wir müßten ein Nein lesen, den Ruf zur Buße, zur Umkehr hören, der an uns alle ergeht, nicht nur an die bösen Russen oder an die bösen Amerikaner, nicht nur an die profitbesessenen Industriellen – an jeden von uns.
Unsere Zeit ist angefüllt vom Nein. Das macht noch keine erfüllte Zeit. Wer das Nein hört, hört – theologisch geredet – das Gesetz. Niemand kann vom Nein leben – auch die Friedensbewegung nicht. Ich habe Angst. Was wird geschehen, wenn wir, in ein paar Wochen wohl schon, die Raketen in unserem Lande haben? Wird die Friedensbewegung zerbrechen? Die meisten resignieren, andere lassen sich radikalisieren. Was wird das Ende sein? Es wäre schlimm. Ich möchte so kurzfristig nicht denken. Ich möchte den Raketen so viel Macht nicht einräumen in meinem Denken und Tun. Ich möchte vom Ja leben, nicht vom Nein, nicht vom Gesetz, sondern vom Evangelium, so sehr das Evangelium das Gesetz braucht, als Schatten, den das Licht wirft.
Erfüllte Zeit. Kann eine Zeit, die angefüllt ist vom Nein, überhaupt zu einer erfüllten Zeit, zu einer Zeit der Fülle, des vollen Lebens werden? Jesus kam nach Galiläa und predigte das Evangelium. Meine Hoffnung: daß er auch nach Göttingen kommt mit seinem Wort. Was könnte geschehen? Ich phantasiere. Jesus würde wohl etwas Überraschendes tun: Er würde uns alle einladen zu einem Fest, obwohl uns zum Feiern gar nicht zumute ist. Und bei diesem Fest würden wir spüren, daß wir vom Ja leben, das Gott zu uns sagt, und nicht vom Nein der Raketen. Wir würden erfahren, daß Gottes Herrschaft uns nahe ist. Wir können das erfahren – in dem, was Jesus uns über die Zeiten hinweg sagt. Durch seine Worte der Seligpreisung zum Beispiel, vom Gewaltverzicht und von der Feindesliebe. Wir könnten das erleben, wenn Jesus uns zu seinem Mahl ruft, auch heute wieder, in diesem Gottesdienst. Erfüllte Zeit, Zeit des Lebens und des Ja zum Leben. Trotz der Schatten, die der Tod und seine Mächte werfen. Das Reich Gottes ist nahe, weil Jesus mit seinem Wort Gottes Herrschaft verkündigt, in der die, die auf Gewalt verzichten, die hungern und dürsten nach Gerechtigkeit, die Frieden stiften, selig sind. Menschen erfahren das als befreiende Botschaft. Auch heute. Da werden die Mächte des Todes, die unser Leben überschatten, auch die neuen Raketen, zu vorletzten Mächten. Sie bleiben bedrohlich gefährlich. Aber ich werde mich hüten, der Versuchung zu erliegen, mich an ihnen zu orientieren

– auch in meinem Nein nicht, das ich ihnen nach wie vor entgegenhalten werde.
Ich möchte das verdeutlichen. Neulich habe ich gehört, wie jemand sagte: »Auch über dem Atompilz gibt es noch einen Himmel für uns.« Ich halte das für eine gefährliche, zynische und unchristliche Rede. So wird Glaube mißbraucht zur Vertröstung aufs Jenseits und Gottes Herrschaft von dieser Erde verbannt. Wer so denkt und redet, arbeitet denen in die Hände, die 20 Millionen Tote in Kauf zu nehmen bereit sind, wenn nur der vermeintliche Gegner vernichtet wird. Wer so redet oder denkt, gehört wissend oder unwissend zur 5. Kolonne des Teufels, der, wie die Versuchungsgeschichte der Bibel zeigt, sehr wohl mit Bibelsprüchen zu argumentieren weiß. Ich habe aber auch gehört, neulich, wie jemand sagte: »Wenn die Raketen kommen, hilft nur noch Gewalt.« So sehr ich die Enttäuschung verstehe, die dahinter steht: auch das halte ich für eine gefährliche, unchristliche Rede. Denn sie räumt den Raketen letzte Macht ein über uns und unser Leben. Diese Macht hat Gott allein. Und weil ich dieser Macht vertraue, habe ich die Hoffnung, Gewalt durch Gewaltlosigkeit überwinden zu können. Vieles, was in den letzten Monaten in unserem Land geschehen ist, was noch vor Jahren undenkbar schien, bestärkt mich in dieser Hoffnung. Ich glaube, wir brauchen den langen Atem des Glaubens, der uns Distanz, Abstand ermöglicht, Distanz, die Nähe schafft – auch gerade in der Stationierungsfrage. Und ich hoffe, jeder hier versteht, daß das keine Vertröstung ist.
Zwischen unchristlicher Weltflucht ins Jenseits und gewaltsamer Herstellung des Friedens ist der Ort, an den mich das Ja Gottes zum Leben weist, an dem ich trotz aller Angst auf erfüllte Zeit und erfülltes Leben warte. Und umgeben von diesem Ja höre ich das Nein, das mich zur Buße, zur Umkehr zum Leben ruft. Umgeben von diesem Ja halten mir auch die Raketen einen Spiegel vor. Ich erkenne »wie schrecklich der Versuch scheitern kann, das menschliche Leben auf die eigenen Taten, auf eigene Leistungen aufzubauen und dann auch allumfassend durch eigenes Tun absichern zu müssen.« Das Ergebnis ist, was E. Eppler die »tödliche Utopie der Sicherheit« genannt hat. Immer mehr Menschen erkennen das. Auch der Bundeswehroffizier, mit dem wir in einer Konfirmandengruppe am Samstag diskutierten. Aber er meinte: »Wer A gesagt hat, muß auch B sagen.« So dreht sich die Todesschraube vermeintlicher Sachzwänge, der Teufelskreis der Abschreckung weiter, bis die Katastrophe da ist. Ich möchte da ausbrechen. In dem Evangelium, das Jesus damals nach Galiläa brachte, höre ich heute in Göttingen die Befreiung vom Zwang der Selbstverwirklichung und der Selbstrechtfertigung. Wir hatten ja auch gerade die Lutherwoche. Und weil ich weiß, daß »Rechtfertigung allein aus Glauben« nicht als Lehre überliefert werden kann, ahne ich,

daß Luthers Frage: »Wie bekomme ich einen gnädigen Gott?« wahrscheinlich sehr viel zu tun hat mit unserer Frage: »Wie bekommen wir eine friedliche Welt?« Der Ruf zur Buße, der ein Ruf zum Glauben, zum Evangelium Jesu Christi, zur Umkehr zum Leben ist, verbindet Luthers Frage und unsere. Nehmen wir unsere Sehnsucht ernst! Verdrängen wir sie nicht ins Jenseits! Decken wir sie nicht zu mit der Ausrede, wir lebten halt in einer unerlösten Welt. Setzen wir »der tödlichen Utopie der Sicherheit« unseren Glauben entgegen. Auch, wenn er angefochten ist, schwach und unvollkommen. Ein anderer wird ihn stark machen.

Der Baum seid ihr!

Lukas 13,6f.
Helmut Siegel

Gottesdienst-Entwurf

Vorbereitungen
Für den Baum: Kartenständer, Plakatrollen (längs aufgeschnitten, braunes Krepp-Papier), ausgeschnittene Blätter, ausgeschnittene Früchte. Stifte für die Besucher, Korb, um Früchte zu verteilen, Liedblätter, »Denkzettel« für jeden Gottesdienstbesucher, am Ausgang verteilen!

Ablauf
P: Begrüßung, evtl. Ansingen unbekannter Lieder

Lied
Im folgenden spielt jemand »Gott«
1: Haben Sie es gemerkt?
2: Sind Sie darauf aufmerksam geworden?
3: Haben Sie wenigstens davon gehört?
4: Nein?? Sie haben es noch nicht gemerkt? Noch nicht gehört? Dann müssen wir es Ihnen jetzt sagen.
5: Gott ist auf der Durchreise! Er reist durch unser Land.
1: Nein, natürlich wurde er nicht mit einem Staatsempfang begrüßt, so wie sonst die Staatsmänner begrüßt werden.
2: Wieso auch? Dies Land, das wir so oft »unser Land« nennen – es ist ja seins, gehört ihm.
3: Außerdem: er kam gänzlich unangemeldet.
4: Jedenfalls er geht durch sein Land, das mancher »dieses unser Land« nennt, und er sieht sich um.

5: Und es dauert nicht lang, da fragt sich Gott:
1: Was ist das bloß für ein Land?
2: In dem die Ehepaare in wunderschönen Villen wohnen und Familien mit mehr als vier Kindern keine Wohnung finden, von Asylanten mal ganz zu schweigen.
1: Was ist das für ein Land?
3: In dem im letzten Jahr 1,5 Milliarden Mark für »Knabberzeug« ausgegeben wurden und noch nicht einmal ein Zehntel dieser Summe für die Hungernden?
1: Was ist das für ein Land?
4: In dem mehr als 85% sich nach seinem Sohn nennen und noch nicht einmal 4% den Gottesdienst besuchen?
1: Was ist das für ein Land?
5: In dem die Raketen sich vermehren, gedeihen und wachsen und die Bäume sterben?
1: Und Gott fragt sich: Was ist bloß aus diesem Teil meiner Erde geworden?
Lied
6: Eines Tages, nein, genau heute, kommt Gott an diesen Baum.
7: Ob das ein besonderer Baum ist, fragen Sie? – Na und ob:
8: Dieser Baum ist ein symbolischer Baum.
9: Dieser Baum sind Sie, bin ich.
10: Es ist ganz so, als habe Gott nach diesem Baum gesucht, nach uns gesucht. – Tatsächlich, er bleibt stehen und sieht ihn sich, diesen Baum, sieht uns an.
6: Gut sieht er aus, dieser Baum, nicht wahr? Nicht angekränkelt vom sauren Regen, er ist ganz und gar grün, steht voll im Saft.
7: Eben so sind wir: der Konfirmand, der kein Kind mehr ist,
8: die Mutter, der Vater, der Junggeselle in der Blüte der Jahre,
9: die Älteren unter uns in der Reife des Lebens. – Solch ein Baum sind wir, gut verwurzelt, fest gegründet, voller Laub.
10: Und Gott sieht sich diesen Baum näher an. – Er sucht – Er untersucht ihn – Ob er die Blätter betrachtet, dieses wunderschöne Blattwerk beachtet?
11: Na hoffentlich tut er dies. Denn dieses Blattwerk zeigt, wie wir sind (nimmt ein Blatt ab und liest): »unbescholtene Bürger«
12: »fleißig«
13: »sauber«
14: »pünktlich«
15: »pflichtbewußt«
11: »kreditwürdig«
12: »schuldenfrei«
13: »gläubig«
14: »regelmäßiger Gottesdienstbesucher«
15: »Jemand, der sogar Buß- und Bettag zur Kirche geht ...«
11: Undsoweiter, undsoweiter – wie gesagt: ein guter Baum, ein prima Baum ...
12: Was ist denn los? Stimmt was nicht? Er hat doch die Blätter gelesen?
13: Warum zieht er auf einmal so ein Gesicht?
14: Warum schüttelt er den Kopf?
15: Ist was nicht in Ordnung mit dem Baum? Ist irgend etwas mit uns nicht in Ordnung?
1: Liest langsam den ersten Teil des »Gleichnisses vom unfruchtbaren Feigenbaum«
P: Predigt, Teil 1
Lied
6: Mag sein, daß da die Früchte fehlen, an diesem Baum, bei uns. Aber liegt es denn am Baum, wirklich nur am Baum, daß er keine Früchte trägt? Liegt es denn wirklich an uns?
7: Mein Gott, vielleicht wurde er nicht genug gewässert?
8: Und Gott spricht: Er ist getauft. Das ist genug. Jetzt aber ist er mit allen Wassern gewaschen!

9: Vielleicht bekam er nicht genug Sonne, Gott? Einfach zu wenig Licht?

10: Und Gott spricht: Wievielmal hat er Weihnachten gefeiert, vom Licht der Welt gehört? Wievielmal um Vergebung gebeten und sie immer empfangen? Wievielmal wurde er vor Unglücken bewahrt?

6: Und der Dünger, Gott? Vielleicht zu wenig Dünger? Fruchtlos aus Nährstoffmangel!

7: Und Gott spricht: Jedes meiner Worte war Dünger für ihn: die Gebote, die Seligpreisungen, der 23. Psalm – er hat sie im Kopf, und doch sind sie fruchtlos versickert. – Es bleibt dabei:

7, 8 u. 10 (rufen): *Hau ihn ab!* (Der Darsteller Gottes holt eine Axt hervor)

2: Halt! Noch nicht! Laßt mich erst lesen, wie es weitergeht, dies Gleichnis vom »unfruchtbaren Feigenbaum« (liest den Schluß vor).

P: Predigt Teil 2

Einige Mitspieler verteilen an die Gottesdienstbesucher die Früchte und Stifte; bei meditativer Orgelmusik schreiben die Besucher, kommen dann nach vorn, hängen ihre Frucht an den Baum.

Lied

3: Eine Frucht, eine Frucht nur von jedem. »Reicht das denn?« wird mancher sich fragen. Wir meinen: Ja, das reicht, denn:

4: Besser, hundertmal besser eine Frucht als gar keine.

5: Denn da kommt eine Frucht zur andern, wie Sie hier an diesem Baum sehen.

3: Was uns fehlt, wir haben es erkannt. Was bei jedem von uns anders werden soll, wir haben es aufgeschrieben.

4: Weil wir uns kennen, wissen wir: Wenn es nicht beim guten Vorsatz bleiben soll, dann brauchen wir dazu die Kraft Gottes, die Mühen des Gärtners Jesus Christus um uns. Darum wollen wir jetzt die guten Wünsche, Vorsätze und Absichten vor Gott bringen. Laßt uns beten:

Für das folgende *Gebet* nehmen Sprecher 3, 11, 12, 13, 14, 15 ohne großes Suchen eine Frucht vom Baum und lesen Sie als Gebetsbitte mit folgender Einleitung vor:

Herr, unser Gott! Du kennst uns, einen jeden von uns. Jemand von uns hat geschrieben: ... Du kennst den Menschen, der das schrieb, kennst seine Kräfte und seine Schwächen. Darum bitten wir Dich:

G: singt als Gebetsruf (nach der Melodie: »Herr, erbarme dich ...«)
Herr, erbarme dich, gib Kraft dazu!
Herr, erbarme dich, Herr, gib Kraft dazu!«

Nach der Gebetsbitte hängt der Sprecher die vorgelesene Frucht wieder an den Baum!

Das Gebet endet:

P: Herr, unser Gott! Du kennst uns, einen jeden von uns. Du kennst all die Bitten, Wünsche, Vorsätze, die hier als Früchte hängen. Damit sie nicht nur ein Stück Papier bleiben, sondern wirkliche Früchte werden, bitten wir Dich:

G: singt Gebetsvers

P: Wir vertrauen auf deine Hilfe, Gott, vertrauen darauf, weil uns Jesus Christus Mut gemacht hat, in Dir den Vater zu erkennen, der uns liebt und unsere Rettung will. Er hat uns Mut gemacht, so zu Dir zu beten:

Alle: Vaterunser

Der Gottesdienst geht nun zu Ende. Geht nun hin, Ihr geht nicht allein, wir alle gehen mit. Wenn Ihr Hilfe braucht für Eure Frucht, scheut Euch nicht, darum zu bitten.

Ihr geht nicht allein, der Euer Gärtner ist, geht mit. Er wird Euch behüten und bewahren vor der Axt. Er wird in Euch Kräfte wecken und sie stärken, damit Ihr die Frucht bringt, die Gott an Euch sucht, weil seine Welt sie so nötig braucht. Amen.

Am Ausgang: Verteilen der »Denkzettel«, Bild eines Baumes mit einer rot gemalten Frucht daran: Text: links neben dem Baum: »Wie steht's mit deiner Frucht?« – Rechts neben dem Baum: »Nicht vergessen: am 19. November 1987 ist wieder Buß- und Bettag!«

Predigt Teil 1

Das ist nicht in Ordnung an diesem Baum, liebe Gemeinde, das ist nicht in Ordnung an uns. Ein Obstbaum nur mit Blättern, ohne Früchte – der hat keine Existenzberechtigung. Ein Luxus ist er, Verschwendung des fruchtbaren Bodens.

Christen mit korrektem Glaubensbekenntnis, die ansonsten aber handeln wie ihre Nachbarn, die sich längst nicht mehr um Kirche und Glauben kümmern, sind nutzlose Luxusgeschöpfe.

Gott fragt nicht nach innerer Überzeugung, die eben nur innere Überzeugung bleibt, Gott fragt uns nach Früchten. Er fragt: »Ich gab dir dein Leben – was hast du damit gemacht? Ich gab mein Leben am Kreuz für dich – was hat das bei dir anders gemacht?«

Darum geht es heute: Wie sieht uns Gott? Es geht nicht um die andern, über die wir so viel zu klagen hätten, nicht um Reagan oder Gorbatschow. Es geht um uns, und da urteilt Gott: Fruchtlos!

Nun könnten wir alle Gebiete des Lebens abschreiten, fragen: Stimmt dies Urteil? Ich möchte das nicht tun, ich möchte dies Nachforschen auf das Gebiet des Friedens beschränken, fragen: Wo ist unsere persönliche Frucht für den Frieden?

Das ist keine Frage, die ich für Sie beantworten kann, ich kann sie nur für mich beantworten. Mag sein, daß sie bei der einen oder anderen Antwort denken: »Ja, so ist es bei mir auch.«

Irgendwann in diesem Jahr habe ich es aufgegeben, mich weiter zu informieren, über die wachsende Kriegsgefahr, die immer neuen Waffen, und gedacht: »Was soll's? Du änderst ja nichts dran!« Und nun weiß ich nicht mehr, was ich denken soll, wer mit seinen Argumenten recht hat, denn ich weiß nicht mehr genug Bescheid.

Ich habe gedacht: »Was sollst Du Dir den Mund verbrennen!«, wenn einer auf die Demonstranten schimpfte oder sagte: »Die Russen, die sind eben unberechenbar!«

Ich ertappe mich dabei, daß ich mit Bekannten längst über andere Themen diskutiere, dabei meine ich doch: »Es gibt kein wichtigeres Thema als den Frieden.«

So sieht es in dem großen Bereich »Weltfrieden« aus. Und nicht besser ist es im kleinen, dort, wo der Friede, wie ich meine, zu wachsen anfängt: Da habe ich oft genug einfach recht behalten wollen, koste es, was es wolle. Ich habe gedacht: »Du kannst dir nicht alles gefallen lassen!« und dann zurückgezahlt mit gleicher Münze oder mit Sticheleien, Ironie oder mit dem, worin ich mich stark fühlte.

Ich habe in Gesprächen manchmal gedacht: »Mensch, immer dasselbe Thema!« und nicht versucht zu verstehen: »Warum ist ihm oder ihr das so wichtig?«
Ich habe von Ehekrisen, Alkoholproblemen gehört und gedacht: »Du hältst dich am besten da raus! Warum immer du! Das können doch mal andere ...«
Ich habe Streitgespräche abgebrochen oder gar nicht erst angefangen, bin nicht weggefahren zu Demonstrationen oder Mahnwachen, weil ich einfach zu bequem war oder zu ängstlich. Nein, ich habe keinen niedergeschlagen, aber oft genug die Faust in der Tasche geballt und gedacht: »Wenn du jetzt könntest, wie du wolltest ...«
Die Früchte des Friedens, sie fehlen mir, ich kann da nichts vorweisen. Ich weiß nicht, ob Sie besser dran sind als ich. Ich hoffe es, aber ich glaube es kaum. Und ich kann verstehen, daß Gott die Geduld verliert, die er so lange mit mir und mit Ihnen gehabt hat, und sagt: »Jetzt ist Schluß! Her mit der Axt! Dieser Baum ist wertlos! Dies Leben nichts nütze!« Ich möchte schreien: »Nein! Nicht!« und weiß doch: Dies Urteil ist gerecht! Gibt es keinen Ausweg? Nichts, was das Urteil Gottes rückgängig macht?

Predigt Teil 2
Das Urteil bleibt, liebe Gemeinde. Wir sind nicht zu entschuldigen. Aber da ist einer, der für uns bittet, der sagt: Warte noch! Noch ein Jahr! Und dieser eine ist Christus. Er hat uns nicht aufgegeben, trotz allem nicht. Er ist der Gärtner, der sagt: »Noch ein Jahr, ich will um diesen unfruchtbaren Baum graben, ihn düngen. Vielleicht bringt er dann die Frucht, die er uns bisher vorenthalten hat!«
Was ist das nun, liebe Gemeinde? Eine Galgenfrist oder eine Gnadenfrist? Eine Galgenfrist – das wäre es ja, wenn es nur um den Aufschub ginge, wenn Christus nur sagte: »Noch ein Jahr!« Denn nach den vielen fruchtlosen Jahren ist ja das Ergebnis nach einem Jahr abzusehen. Nein, es ist eine Gnadenfrist, die wir erhalten. Christus kennt uns gut. Er weiß: »Wenn da nichts um den Baum, an dem Baum und für den Baum geschieht, dann bleibt alles beim alten. Nur mit Erschrecken und Drohen, da sind die Menschen nicht zu ändern!«
Darum bittet er Gott um eine Gnadenfrist und macht uns die Zusage: »Ich will mich noch einmal ganz besonders um euch bemühen, noch einmal Zeit und Kraft investieren. Ich will euch begegnen in eurem Leben, will euch Kraft finden lassen in meinen Worten, will euch Menschen über den Weg schicken, auf die ihr euch stützen könnt und die euch halten. Ich will euch Gefährten geben, die so sind wie ihr: bisher unfruchtbar, aber auf der Suche nach einer Frucht!«
Ich weiß: »Allein kann ich nicht umkehren, trotz des Wissens um Gottes

Urteil kann ich es nicht! Aber mit der Hilfe Christi, mit seinem Zuspruch, seiner Gegenwart, da habe ich eine Chance!«
Sehen Sie, das ist das Evangelium für uns am Bußtag: Am Ende steht die Fürbitte Jesu für uns und die Zusage seiner Hilfe, die völlig unverdiente Zusage: »Ich will euch helfen, mithelfen, daß ihr Frucht bringt. Vertraut auf mich: ihr könnt der Axt entgehen!«
Und welche Frucht? Wo? Und wie? Das sagt Christus nicht. Und ich glaube, das sagt er deswegen nicht, weil er meint: »Das müßt ihr schon selbst überlegen, was ihr tun könnt! Der Gärtner bin ich, der Baum seid ihr!«
Und so bitte ich Sie, zu überlegen: Welche Frucht des Friedens wollen Sie in einem Jahr bringen? Was wollen Sie tun? Was wollen Sie anders machen? Neu versuchen? Schreiben Sie einen Satz, einen Vorsatz, eine Regel für sich auf, die Sie zur Frucht führt. Übernehmen Sie sich nicht mit vielen guten Vorsätzen! Eine Frucht genügt! Denken Sie auch nicht: Diese Frucht ist doch viel zu klein, das lohnt gar nicht, sich vorzunehmen!« Es geht um *die* Frucht, die *Sie* bringen können, und sei sie auch noch so klein. Sicher, wer hätte nicht viele Vorschläge, Wünsche an andere, an Politiker, Generäle! Aber jetzt geht es um das, was Sie in Zukunft tun wollen, welche Friedensfrucht Sie bringen wollen.
Wir verteilen Ihnen jetzt eine Frucht und einen Stift. Bitte schreiben Sie auf: Was wollen *Sie* bis zum nächsten Bußtag für den Frieden tun, was lassen, welche Regel befolgen?
Und wenn Sie es aufgeschrieben haben, dann hängen Sie diese Frucht hier an den Baum.
Wenn Ihnen das Nachvornegehen schwerfällt: geben Sie ihre Frucht Ihrem Nachbarn mit. Die Orgel wird leise spielen, und Sie haben Zeit nachzudenken und aufzuschreiben: die Frucht, die Sie für den Frieden bringen wollen.

Gartengeschichten

Lukas 13,6–9
Michael Becker

1.
Geschichten möchte ich erzählen
Einfach nur Geschichten von Gärten
und von Gärtnern
diesen Menschen mit der
Engelsgeduld
Geschichten wie diese hier
die klingt, als wäre sie gestern erzählt
im Herbst, kurz vor dem ersten Frost
(Jesus) sagte ihnen aber dies Gleichnis: ...
Dieser Gärtnermensch ...
wie er da im Weinberg
seines allmächtigen Besitzers
als Abhängiger Dienst tut
und einfach den Auftrag verweigert
»Hau ihn ab«, rief der Besitzer
»er hindert das Land, steht nutzlos herum«
Dieser Gärtnermensch
der einem Gleichnisgott
in den Arm fällt
und denkt
Es kann ja an mir liegen
daß der Baum nicht trägt –
und mit Engelsgeduld leise sagt
»Herr, laß ihn noch dies Jahr«
Gib ihm doch Zeit
Gib mir doch Zeit
Ein starkes Stück Geschichte
wie da ein Gärtner
mit seiner Arbeit und seiner Zeit
für den Baum büßt

2.
Geschichten mit offenem Ende
möchte ich erzählen

Bringt er Frucht
oder wird er abgehauen –
Niemand weiß es
Was weiß schon ein Gärtner
außer
Es muß nicht der Baum sein
es kann ja an mir liegen ...

3.

Ich erfinde mir das Zusammenleben
wie einen Garten
und setze zwei Menschen hinein
Sie haben eine Wohnung
ein Einkommen – vielleicht Kinder
Und die zwei haben es
wie alle die zusammenleben
manchmal nicht leicht miteinander
sie streiten – und kämpfen
sie zürnen auch
und gehen sich aus dem Weg
doch bei all dem
wollen sie sich nicht trennen
Zwei, die zusammen
weiterkommen wollen
aneinander leben lernen wollen
Zwei, die wissen:
Trennen, Verpflanzen
ist oft keine Lösung
sondern nur ein Verschieben
Es kann ja an mir liegen
denkt sie manchmal
Es kann ja an mir liegen
denkt er manchmal
und jedesmal
dankt dann im stillen der andere
für solche Engelsgeduld
Sind es wirklich die anderen
frage ich mich
und manchmal frage ich auch: Gott
liegt es vielleicht an mir?
Es kann ja am Gärtner liegen
wenn die Bäume nicht tragen

4.

Und dann erfinde ich uns
ein steinaltes Paar
er und sie über achtzig
die haben nur ein Problem
ihre Beine sind verbraucht
versagen seit Jahren den Dienst
Doch gibt es da 50 Stufen
von der Wohnung auf die Straße
und jedesmal
wenn ich sie auf der Straße sehe
spazierengehen an der frischen Luft
denke ich an die 50 Stufen
die sie schon hinter sich haben
und die gleichen 50
die sie noch vor sich haben
und ich sehe förmlich
die Engelsgeduld
mit der sie die
Stufen hochkriechen
der eine die andere stützend
Stufe für Stufe
Stellt euch das mal vor
Ihr Jüngeren, denke ich
wie da ein Gärtner seit Jahren
für seinen Baum sorgt
ohne an die eigene Zeit und Kraft
lange zu denken
Es liegt an mir, nur an mir
denkt vielleicht dieser Gärtner
daß mein Baum frische Luft hat
und dann frage ich mich wieder
was wohl alles an mir liegt
und überhaupt nicht
an den anderen ...

5.

Und ich erfinde noch
eine Lehrerin
die nach der sechsten Stunde
ein bißchen nachhilft dem einen
obwohl er die ganze Stunde gestört hat

und ich finde den Pfleger
der nicht auf die Uhr sieht
weil er gar keine mitnimmt
absichtlich
der, wenn der Kranke unleidlich wird
der Krankheit die Schuld gibt
und nicht dem Kranken
Was an mir liegt
denkt der Pfleger manchmal
da will ich keinen Zeitdruck

6.
Das sind alles so Geschichten
von Gärtnermenschen
mit der Engelsgeduld
Das sind keine Helden
o nein
das sind schlechte und rechte Gärtner
und Gärtner wissen eben
Es kann an mir liegen
und manchmal spätabends
im Winter, wenn Gärtner mehr Ruhe haben
wissen sie für Augenblicke
ganz genau
Eigentlich ist es nie der Baum
Eigentlich sind es nie die anderen
Ich bin meine Aufgabe
Ich kann mich nicht abwälzen
auf andere
Abwälzen ist bequem
doch Bequemes ist oft zuwenig Hilfe
Ich bin meine Aufgabe
Ich kann keinem anderen
die Schuld geben für mich
Das mit der Engelsgeduld
ist keine Heldentat
wenn Gärtner
mit ihrer Zeit und ihrer Arbeit
sozusagen für den Baum büßen
dann hoffen sie ja dabei
hoffen kräftig und eigennützig
ob der Baum nicht doch Frucht bringt
nächstes Jahr

und das sind dann Früchte
des Baumes und des Gärtners.

7.

Das sind ja schöne Geschichten
Es ist nicht wichtig
ob sie wahr sind
es ist wichtig
ob sie möglich sind
denn wenn sie möglich sind
können sie wahr werden
Und es kann ja sein
erfinde ich mir in der letzten Geschichte
es kann ja sein
daß hier in diesem Kirchengarten
Gärtner sind Menschen sind
die spüren und denken
Es sind nicht die anderen, Herr
Es liegt an mir, Herr.
Und es kann ja sein
daß das Hören der Gebote
auf den Gedanken bringt
Ich will mich nicht abwälzen, Herr
auf andere
will lieber in mich gehen
ja mehr noch
Hilf mir, Herr, daß es an mir liegt
denn dann
kann ich es wirklich ändern
dann ist Buße
auf einmal Hoffnung
Hoffnung
daß es anders wird mit mir
und meine Äste
Frucht bringen
Engelsgeduldfrüchte
nächstes Jahr.
Das kann ja möglich sein
daß hier Menschengärtner sind
Denn
was möglich ist
kann auch wahr werden.
Amen

Unter dem Fluch

Hebräer 6,4–12
Manfred Josuttis

I.

Der weiße Mann wird untergehen.
Gerald Wilkinson aus dem Stamm der Cherokee, der an der Sorbonne studiert hat und in den siebziger Jahren Leiter des Nationalen Indianer-Jugendrats war, erzählt: »In Mexiko sagte einst ein Maya-Priester zu mir: Alles bewegt sich in einem Kreislauf. Die Tolteken kamen, und das war ein Kreislauf, die Azteken kamen, und das war ein Kreislauf. Die Conquistadoren kamen, das war ein Kreislauf. – Jetzt warten sie auf den nächsten Kreislauf, sagte er. Und der Kreislauf wiederholt sich. Deshalb wird der weiße Mann genau denselben Weg gehen, den die Tolteken gegangen sind. In der Sprache der Mayas, sagte er, gibt es kein Wort mehr für die Tolteken.«
Der weiße Mann wird sterben. Warum? Weil er nichts vom Leben versteht. Weil er nichts von der Erde versteht. Auch weil er nichts von Gott versteht.
Vor 50 Jahren hat Standing Bear, ein Häuptling der Sioux, in seiner Autobiographie geschrieben: »Die Philosophie des weißen Mannes war es, die Erde und ihre Geschöpfe herabzusetzen und zu verachten ... Er allein war es wert und hat das Recht zu leben; darum konnte er kaltherzig alles andere zerstören. Wälder werden abgehauen, der Büffel ausgerottet, der Biber nahezu vernichtet und seine wunderbar gebauten Dämme gesprengt, so daß die Flut noch weitere Verwüstungen anrichten konnte. Und selbst die Vögel in der Luft wurden zum Schweigen gebracht ... Quellen, Flüsse und Seen, die in meiner Kindheit noch lebten, sind ausgetrocknet, und ein ganzes Volk ist entwürdigt und getötet worden. Der weiße Mann ist das Symbol der Vernichtung des natürlichen Lebens ... geworden.«
Deshalb muß der weiße Mann sterben. Wer das Leben vernichtet, geht selber zugrunde.

II.

»Es ist unmöglich, Menschen wieder zur Buße zuzulassen, die einmal erleuchtet wurden, die himmlische Gabe schmeckten, Anteil am heiligen Geist empfingen, das gute Wort Gottes und die Kräfte der zukünftigen Welt schmeckten und die dann doch abgefallen sind.« Es gibt keine

zweite Buße, sagt der Hebräerbrief, keine neue Chance zur Umkehr. Wer den wahren Gott einmal gefunden hat und ihn dann wieder verläßt, der ist verloren.
In der Theologiegeschichte hat dieser Satz dem Hebräerbrief viel Kritik eingetragen. Gott ist doch immer barmherzig, hat man ihm entgegengehalten. Bei Gott ist doch kein Ding unmöglich. Auch der Abtrünnige kann doch wirkliche Reue empfinden und wieder zum Glauben zurückfinden. »Es ist unmöglich«, setzt der Hebräerbrief dagegen. Und nach fast 2000 Jahren Kirchengeschichte können wir ihn vielleicht einigermaßen verstehen.
Wenn das wirklich wahr ist, was das ganze Neue Testament behauptet und was in jedem christlichen Gottesdienst auf dieser Erde bekannt wird, wenn das wirklich wahr ist, daß sich der wahre Gott damals wirklich offenbart hat, wenn es wirklich wahr ist, daß ein neues Leben erschienen und alle Welt versöhnt worden ist, dann hat das Abendland, das sich christlich nennt, seinen Gott verlassen und verraten. Der weiße Mann hat diesen Gott zu seinem Götzen gemacht.
Der Häuptling Sealth aus dem Stamm der Duwamisch hat vor 100 Jahren zu den Weißen gesagt: »Euer Gott ist nicht unser Gott. Euer Gott liebt euer Volk und haßt meines. Er schlägt seine starken schützenden Arme liebend um das Bleichgesicht und führt es an der Hand, wie ein Vater seinen Sohn führt – aber er hat seine roten Kinder verlassen ... Doch warum sollte ich trauern über das Geschick meines Volkes ... Die Zeit des Untergangs mag fern sein – aber sie wird sicher kommen – denn auch der weiße Mann, dessen Gott mit ihm ging und sprach wie der Freund mit dem Freund, kann nicht von dem allgemeinen Schicksal ausgenommen sein. So wird darin wohl schließlich unsere Brüderschaft bestehen.«

III.

»Es ist unmöglich«, daß der weiße Mann umkehrt. Warum? Der Hebräerbrief sagt: Die, die vom Glauben abgefallen sind, »kreuzigen den Sohn Gottes noch einmal und machen ihn zum Gespött«. Und er belegt seine Behauptung mit einem Satz, der die Ausbeutung der Erde durch den weißen Mann durchaus zu rechtfertigen scheint. »Die Erde empfängt Segen von Gott, wenn sie den Regen trinkt, der oft auf sie fällt und dann für die, die sie bebauen, nützliche Pflanzen hervorbringt. Wenn sie aber Dornen und Disteln trägt, bringt sie keinen Nutzen und ist vom Fluch bedroht, so daß sie zuletzt abgebrannt wird.« Was den Menschen, die die Erde bebauen, nicht nützt, wird ausgerottet. Das ist, wenn man es konsequent anwendet, ein brutales, ein lebenszerstörendes Prinzip. Der weiße Mann ist dabei, es weltweit zu praktizieren.
Natürlich hat der Hebräerbrief das nicht beabsichtigt. Er will mit diesem

Beispiel eine Gesetzmäßigkeit belegen, die die Weltgeschichte bestimmt, eine Gesetzmäßigkeit, die sich schließlich auch gegen die richtet, die diesen Satz anwenden. Das Gesetz lautet: Wer sich vom Segen trennt, verfällt dem Fluch. Wer die Taufe empfangen hat und Gott dann wieder verläßt, der gerät endgültig unter die tödliche Herrschaft der Dämonen. Wer 2000 Jahre lang die Botschaft des Evangeliums gehört hat und dennoch den Götzen des Geldes, der Herrschaft, der Ausbeutung nachjagt, der endet im Tod.
Der weiße Mann wird sterben. So will es die Ordnung der Welt. Entweder steht der Mensch im Schutz des göttlichen Segens. Oder er gerät unter den Fluch. Wenn der weiße Mann bereit ist, zur Verteidigung seines Reichtums Waffen einzusetzen, die alles Leben zerstören, dann kreuzigt er den Sohn Gottes noch einmal. Er hat von Gott und von Gottes Schöpfung noch immer nichts verstanden. Er kann mit seiner Rüstung nur demonstrieren, daß er nach göttlichem Recht und nach dem Urteil der Moral dem Verderben anheimfallen muß. Die Waffen, die unser Leben schützen sollen, beweisen, daß wir den Tod verdienen.
Der weiße Mann geht zugrunde. Und es ist nur die Frage, ob der alte Maya-Priester im Recht ist, der da gesagt hat: Das ist der Kreislauf des Lebens, der Kreislauf von Segen und Fluch, der sich immer erneut wiederholt. Verderblich, wahrhaft lebensgefährlich würde es sein, wenn sich auch das Geschichtsverständnis des weißen Mannes durchsetzen würden. Wenn sich der Kreislauf nicht wiederholt, sondern alles in einer Schlußkatastrophe endet. Wenn der weiße Mann in seinen Untergang alles Leben auf dieser Erde hineinziehen würde.

IV.

»Wenn wir auch so reden, ihr Lieben, sind wir doch davon überzeugt, daß es besser mit euch steht und ihr gerettet werdet. Denn Gott ist nicht ungerecht.« Es gibt also noch eine Chance. Vielleicht ist das aktuellste Wort aus dem christlichen Vokabular das Wort Umkehr. Der weiße Mann müßte umkehren, haben die Indianer gesagt. Wir müssen mit der Ausbeutung und der Verseuchung der Erde radikal aufhören, sagen Naturwissenschaftler. Auch manche Politiker scheinen zu ahnen: Wir müssen aufhören mit einem Rüstungs- und Wirtschaftswahnsinn, der das Leben gefährdet. Umkehren, aufhören, das Leben angesichts der drohenden Katastrophen retten, das wollen viele.
Gerald Wilkinson, der Indianer, der an der Sorbonne studiert hat und die Welt des weißen Mannes kennt, bleibt skeptisch. »Mir ist aufgefallen, daß die Ökologiebewegung auf keiner spirituellen Grundlage basiert. Und ich frage mich, wie jemand die Erde retten will, der in keiner spirituellen Verbindung mit ihr steht. Die Betreffenden können die Erde doch gar

nicht richtig lieben. Und selbst wenn sie davon reden, dies oder jenes zu retten, zum Beispiel den Grand Canyon, so wissen sie eigentlich nicht wirklich, warum gerade der Grand Canyon gerettet werden sollte.«
Auch den bestgemeinten Rettungsversuchen des weißen Mannes soll etwas fehlen, die »spirituelle Grundlage«. Was könnte damit gemeint sein? Vielleicht handelt es sich bei diesen Rettungsversuchen ja wirklich nur um die Umkehrung der Ausbeuterpraxis. Der weiße Mann kann nicht sterben. Er kann nicht zurückkehren in die Erde, aus der er gemacht ist. Aus Verzweiflung hat er die Erde zerstört. Voller Verzweiflung will er kurz vor Schluß den Untergang des Lebens noch stoppen.
Was wäre die Alternative? »Wir wünschen aber, daß jeder einzelne von euch denselben Eifer zeigt und so seine Hoffnung immer gewisser wird bis zum Ende, damit ihr nicht träge werdet, sondern Nachfolger derer, die durch Glauben und Geduld die Verheißungen erben.« Hoffnung, Glauben und Geduld, auf dieser Erde.
Abraham, dessen Nachfolger die wahrhaft Glaubenden sind, konnte sich im Lauf seines Lebens trennen von allem, was ihm teuer war. Und er konnte sich am Ende seiner Zeit in die Erde legen, alt und lebenssatt und voller Vertrauen.

Herr, ewiger und allmächtiger Gott,
es wird so sein, daß wir den Tod verdient haben.
Wir haben deinen Namen gehört
und dich zum Götzen unserer Interessen gemacht.
Wir haben dein Kreuz gepredigt
und unendliches Leid über Menschen und Tiere gebracht.
Wir haben deinen Geist empfangen
und verlassen uns auf unsere eingebildete Stärke.
Deinem Segen vertrauen wir nicht,
deshalb sind wir unter den Fluch geraten,
unter den Fluch unseres Tuns,
das Leben zerstört
und das anscheinend niemand aufhalten kann.

Weil du ein gnädiger und barmherziger Gott bist,
rufen wir dich an für alle, die leiden,
für die Indianer und alle anderen,
die unter der Herrschaft der Weißen
zugrunde gerichtet werden,
für die Büffel, die Vögel, die Fische,
unsere Lebensgefährten, die wir ausrotten,
für die Luft und das Wasser, für die Erde,
aus der wir gemacht sind und in die wir
zurückkehren werden,
Herr, rette,
was wir verderben.

Weil du ein heiliger und gewaltiger Gott bist,
rufen wir dich an für alle,
die Macht haben und Verantwortung tragen:
daß sie für Recht, Freiheit und Frieden sorgen,
daß sie dem Leben dienen und nicht dem Tod,
daß sie der Rüstung absagen und den Hunger
beseitigen,
daß sie ablassen von Bosheit und Wahn,
daß sie erleuchtet werden aus aller Verblendung
und befreit werden,
deinen Willen zu tun,
Herr, rette,
was wir verderben.

Weil du ein geduldiger und langmütiger Gott bist,
rufen wir dich an für alle,
die umkehren wollen:
für die Politiker und ihre Bemühungen,
für die Wissenschaftler und ihre Suche
nach einem neuen Verhältnis zur Natur,
für die Alternativbewegungen und ihr Gelingen,
für die Kirche in aller Welt,
daß sie sich aus korrupten Beziehungen löst
und die Freiheit zu einem neuen Leben gewinnt,
Herr, bestärke und fördere das,
was wir hilflos versuchen.

Gedenke, Herr, in diesen gefährlichen Zeiten
deiner großen und heilvollen Taten.
Aus dem Nichts hast du alles Leben geschaffen.
Aus dem Tod hast du Jesus Christus gerettet.
Aus der Sünde hast du uns zu deinen
Kindern gemacht,
zu Trägern deines Namens,
zu Erben deines Reichs.

Unser Leben steht in deiner Hand.
Unsere Erde ruht in deiner Gnade.
Unsere Zukunft – das ist deine Macht.

Mit allen Geschöpfen, die uns umgeben,
mit allen Juden und Christen,
die deinen Namen bekennen,
mit allen Heiligen,
die schon in deiner Welt leben,
mit allen Engeln und himmlischen Mächten,
preisen wir deinen heiligen Namen.
Ehre, Anbetung und Ruhm
sei dir,
dem Vater und dem Sohn und dem Heiligen Geist.

Die Zitate stammen aus:
C. Biegert (Hg.), Die Wunden der Freiheit. Der Kampf der Indianer gegen die weiße Eroberung und Unterdrückung – Selbstzeugnisse, Dokumente, Kommentare, rororo 7357, Reinbek 1980.
S. Steiner, Der Untergang des weißen Mannes? Indianische Weissagungen und die Wirklichkeit, rororo 7924, Reinbek 1985.

Umkehr mit Christus

Offenbarung 3,14–20
Günter Bublitz

Liebe Gemeinde!
Eine Bußpredigt – und was anderes sollte denn an einem Bußtag gehalten werden? – beginnt nicht selten mit einem säuerlichen Gefühl, wenn man als Bußprediger an seine Vorgänger denkt.
Jona, von Gott dazu bestimmt, der großen und bösen Stadt Ninive Gericht und Untergang zu predigen und sie zur Umkehr zu bewegen, verkrümelt sich, so schnell er kann, in die entgegengesetzte Richtung. Es ist ihm gar nicht wohl in seiner Haut, denn Bußpredigen ist nun einmal eine zwielichtige Sache. –
Jeremia, der Prophet, leidet sein ganzes Leben lang an seinem Auftrag, den Volksgenossen Worte des Zorns und der Besserungsaufforderung entgegenzuschleudern. Klagelieder über Klagelieder. Der Prophet wird einsam. Bußpredigen bleibt ein schwieriges Geschäft. –
Johannes, der Täufer am Jordan, redet eine deutliche Sprache: Ihr Schlangenbrut, wiegt euch nicht in falscher Sicherheit! Schon ist die Axt an Eure Wurzeln gelegt; wer keine Früchte des Glaubens bringt, wird abgetan wie ein verdorrter Baum! Kehrt um, noch ist es Zeit! – Er sagte dies auch dem König Herodes, der ein Ehebrecher war; und das kostete ihn seinen Kopf. Die Enthauptung des Täufers Johannes, weil es offenbar ein gefährliches Geschäft ist, Buße zu predigen. –
Savonarola, der Mönch des 15. Jahrhunderts, predigt Gericht in Florenz, Ferrara und Genua. Die Moral war verkommen, und nach Gott fragte man wenig. Wem sollte das gefallen? Er wurde aufs grausamste gefoltert, gehenkt und verbrannt.
Das Ende – ein Scheiterhaufen. Berufsrisiko eines Bußpredigers?
Bublitz, Günter, Pastor, versuchte sich am 19. November 1986 mit einer

Bußpredigt vor seiner Gemeinde. Nur mit Mühe gelang es ihm ... – Aber nein, da ist wohl die Fantasie mit mir durchgegangen. Die Zeiten Jonas und Jeremias sind doch wohl vorbei? –
Es gibt also keine Bußpredigten mehr mit Rauch und Donnerschall. Keiner von Ihnen ist in Sack und Asche da; und das war ja wohl auch nicht zu erwarten, hier und heute.
Was aber ist Bußtag ohne Gerichtswort und Mahnung und Reue? Sollte ich Ihnen nicht vielleicht doch etwas sagen können, was das Gewissen weckt und Zerknirschung auslöst? Müssen wir nicht in uns gehen am Buß- und Bettag, reuig, gesenkten Hauptes und mit niedergeschlagenen Augen?
Und: Was könnte *ich* Ihnen sagen, was Sie nicht schon wüßten, und was nicht taktlos wäre oder indiskret oder unwissend oder unverantwortbar in der Öffentlichkeit? Und dürfte *ich* Ihnen so etwas sagen? Ja, liefe ich nicht Gefahr, *mein* Unbehagen und *meinen* Ärger und *meine* Verstimmungen zum Thema des Bußtages und seiner Verkündigung zu machen?
All dies kann und darf und will ich nicht. Und wenn es dennoch eine Bußtagspredigt gibt, dann deshalb, weil *Gott uns* etwas zu sagen hat und nicht *ich Ihnen*. Und: weil es am Bußtag nicht nur um ein Insichgehen geht, sondern um ein Zurückgehen zu Gott. Und: weil es am Bußtag letztlich nicht um Zerknirschung geht, sondern um die Freude der Buße und des Neuanfangs und sonst nichts.
In einem Brief aus dem Jahr 1916 erzählt der Theologe Karl Barth einmal von einer Evangelisationswoche, die der bekannte Zeltevangelist Jakob Vetter in seiner schweizer Kirchgemeinde abhielt. Barth berichtet, wie Vetter seine Hörer Abend für Abend wie mit einer Kanone mit ihren Sünden und Gewissensnöten bombardierte, wobei am Ende dann der zwingende Ruf zur Bekehrung stand.
Und Barth schreibt in seinem Brief: »Nein, das ist's wirklich nicht. Gestern morgen erwachte ich mit dem schlaftrunkenen Freudenwort: ›Heut darf ich predigen!‹ Doch tat ich in Würdigung der Sachlage keinen scharfen Schuß, sondern redete freundlich mit Jerusalem, gegenüber all den Bewußtseinsvorgängen und dem grausigen Sündendonner ruhig feststellend, daß bei Gott Freude sei (z. B. Engelein mit Harfen und Notenblättern), und daß das Reich Gottes auch auf Erden mit Freude anfange.«
In diesem Sinne geht es auch heute, liebe Gemeinde, um die Freude der Umkehr, nicht den Donner.
Doch Umkehr wovon und Umkehr wohin? Diese Fragen sollen eine Antwort finden, ohne daß ich mich zum donnernden Bußprediger erhebe, aber auch, ohne daß der tiefere Gehalt des Bußtages an Bedeutung verliert.

Derjenige, in dessen Namen Johannes, der Verfasser der Offenbarung spricht, ist Jesus Christus selbst, der treue und wahrhaftige Zeuge, der Anfang der Schöpfung Gottes. Derjenige, der am Bußtag eigentlich das letzte Wort ergreift, bin nicht ich oder irgendeiner auf irgendeiner Kanzel, sondern Jesus Christus selbst.

Er sagt: Ich kenne deine Werke. Und er ist der, vor dessen Richterstuhl ein jeder einmal das empfangen wird, nach dem er in seinem Leben gehandelt hat, Gutes oder Böses, wie Paulus im 2. Korintherbrief schreibt.

Nicht ich bin es, der hier kritisieren darf oder bemängeln. Nicht ich bin es, der hier ins Gewissen reden will oder gar ein schlechtes Gewissen erzeugen will. Nicht ich bin es, vor dem sich jemand zu verantworten hätte.

Der hier mahnt, ist Jesus Christus selbst. Lassen wir uns auf zwei Selbsttäuschungen des Menschen hinweisen, vor denen uns der Bußtag warnen will.

Die erste Täuschung ist die, zu meinen, daß das, was wir getan haben und tun, mit der Zeit im Abgrund der Vergessenheit verschwindet. Bußtag erinnert daran, daß diese Rechnung nicht aufgeht, sondern daß unsere Vergangenheit und Gegenwart vor Gott wie ein aufgeschlagenes Buch ist, das erinnert und mahnt.

Die zweite Täuschung besteht darin, zu meinen, wir könnten Verborgenes und Offenbares, Geheimes und Öffentliches unterscheiden. Dietrich Bonhoeffer schreibt in einer Predigt: »Wir führen ein öffentliches, sichtbares Leben und daneben ein verborgenes, geheimes Leben von Gedanken, Empfindungen, Hoffnungen, die kein andrer Mensch je erfährt, und es würde uns ein lähmender Schrecken überfallen, wenn wir wüßten, daß alle unsere Gedanken und Empfindungen, die wir an einem Tag gehabt haben, auf einmal offenbar jedermann sichtbar lägen. Wir leben unter der selbstverständlichen Voraussetzung, daß Verborgenes verborgen bleibt.« – Auch diese Rechnung, liebe Gemeinde, geht nicht auf. Bußtag läßt sie vergehen wie eine Seifenblase. Der, der hier spricht, Jesus Christus selbst, kennt den Unterschied zwischen Geheim und Öffentlich nicht; und das mag unruhig machen. An dieser Einsicht läßt uns Bußtag nicht vorbei: Vor Gott bleibt alles und vor Gott ist alles offenbar, ob uns das recht ist oder nicht. –

Vor diesem Hintergrund fährt unser Text fort: Ich kenne deine Werke und weiß, daß du weder kalt noch warm bist. Ach, daß du kalt oder warm wärst! Weil du aber lau bist und weder warm noch kalt, werde ich dich ausspeien aus meinem Munde. Du sagst: ich bin reich und habe alles im Überfluß und brauche nichts! und weißt nicht, daß du elend und jämmerlich bist, arm, blind und bloß.

Im Wissen um unsere zwei großen Täuschungen bekommen diese Worte einen ganz anderen Sinn. Es hätte gar keinen Zweck, würde ich nach harten Worten suchen, um Fehler und Verschuldungen bei Ihnen aufzuspüren; und jede Art, dreckige Wäsche zu waschen, gehört nun einmal nicht in eine Bußtagspredigt.
Daß wir lau sind und weder heiß noch kalt, jämmerlich und blind und bloß, gilt nicht nur im Blick auf unsere vordergründigen Taten und Leistungen, sondern vielmehr auch im Blick auf unsere Absichten, Hintergründe, Hintergedanken und innersten Geheimnisse.
In diesem Sinne freilich sind unsere Verse eine harte Anfrage: ob wir überhaupt noch Christen sind, lebendige Kirche, Brüder und Schwestern, Leib Jesu Christi? Unsere leeren Worte stehen in Frage, unser falsches Lächeln, unsere unaufrichtige Anteilnahme, unsere träg-christliche Konsumhaltung, unsere vorgetäuschten Aktivitäten, unsere Schwächen und Müdigkeiten. Sind wir wirklich noch Gemeinde im reformatorischen Sinne – Priestertum aller Gläubigen, lebendig und gehorsam dem Wort Gottes – oder nur noch ein letztes Trüppchen der eisernen zwanzig oder dreißig? All diese Fragen, die unser Text uns stellt, wollen nicht an der Oberfläche versickern, sondern uns im Kern treffen.
Da hilft kein erstauntes ›Bin ich's?‹ oder ›Was mag da wohl gemeint sein?‹, weil ja jeder von uns weiß, wer er ist und was er ist und wie er ist. Vor dem anderen mag da einiges zu verstecken sein, vor dem, der der Anfang der Schöpfung ist: nichts!
Lassen wir uns diese Fragen stellen, Sie sich und ich mir, weil der, der fragt, um seine Gemeinde besorgt und bemüht ist, trotz alledem. Wen ich lieb habe, den weise ich zurecht und erziehe ihn mit Strenge, heißt es in unserem Predigttext.
Die Fragen aber, die unseren Kern treffen, rufen zum Bedenken, zur Buße, zur Umkehr.
Buße heißt einmal: sich fragen, ob man noch das ist, was man vorgibt zu sein. Buße heißt zum anderen, einsehen, daß es so nicht weitergeht. Und Buße heißt dann zuletzt nicht in sich gehen und dort bleiben, sondern Rückkehr zu Gott und freudiger Neubeginn.
Fragen, ob wir sind, was wir zu sein vorgeben, einsehen, daß es so nicht weitergeht, – tun wir das nicht immer und immer wieder? Selbstanklagen, Auflehnung gegen tägliches Versagen? Unsere Trägheit im Gebet, zum Gottesdienst, unsere Leichtfertigkeit im Umgang mit unserem Glauben, unsere leeren Versprechungen und unsere fehlenden Taten, unser verkehrtes Wesen den Eltern oder den Kindern gegenüber, unsere tötenden Gedanken und unsre unwahrhaftigen Worte, unser Herz, das voller Verstrickungen ist – klagt uns all das nicht an und kränkt es uns nicht? Und trotzdem werden wir damit nicht fertig?

Es folgt dann nur wiederum einer der zahlreichen Anläufe und Anfänge, die wir in unserem Leben schon hinter uns haben: Diesmal muß es gelingen. Es kann so ja nicht weitergehen!
Es gibt, liebe Gemeinde, auch den Versuch einer Umkehr ohne Christus. Es ist der Versuch des eigenen trotzigen Herzens, aus Stolz und Verzweiflung, aus Unzufriedenheit und neuen Vorsätzen. Was fehlt, ist die Gewißheit, daß es Christus ist, der da zur Umkehr ruft und sie ermöglicht, nicht unsere Unzufriedenheiten. Umkehrversuche und Umkehr aus Eigensinn führen nur zu neuem Versagen und neuer Ratlosigkeit. Wenn Umkehr mit Christus stattfindet, dann ist die Hilfe für unseren Neubeginn greifbar nahe.
Wenn Umkehr mit Christus stattfindet, dann findet sich zu dem Willen auch der Weg, den unser Klagen uns oft verbaut.
Wenn Umkehr mit Christus stattfindet, dann findet sich zu dem guten Vorsatz auch der zuversichtliche Einsatz, der sonst unserer Trägheit unterliegt.
Wenn Umkehr mit Christus stattfindet, dann findet sich zum Versprechen auch die Wahrhaftigkeit des Einhaltens, die sonst vergessen wird und vertagt auf St. Nimmerlein.
Und: Wenn Umkehr mit Christus stattfindet, dann findet sich zum Entschluß auch die Freude, die sonst von unserem unzufriedenen Gewissen erdrückt wird.
Buße im Neuen Testament ist immer eine Sache der Freude. Ob es das Schaf ist, das verlorengeht und gefunden wird, oder der Groschen, oder ob es der verlorene Sohn ist, der umkehrt und zurückfindet, auf jeden Fall ist es eine Sache der Freude. Hieran läßt sich jeder unserer guten Vorsätze und neuen Anfänge messen: Ein Neubeginn ohne Freude, ohne spürbare Freude, bleibt eine Umkehr ohne Christus, und die geht, ganz gleich, wohin, auf jeden Fall in die falsche Richtung, wo nichts sich bessert und ändert.
Umkehr mit Christus ist es, was unsere Kirche und unsere Gemeinden mehr denn je nötig haben. Und Luther sprach von einer täglichen Buße, die Sache des Christen ist. Daß Buße nötig ist und daß Buße Freude ist, will Bußtag uns neu klarmachen.
Der, dessen Bußruf an uns ergeht, ist derselbe, der uns seine Gemeinschaft anbietet und uns einander näherbringen will, auch im Abendmahl, zu dessen Feier wir anschließend eingeladen sind.
So setze nun alles daran und kehre um! Siehe, ich stehe vor der Tür und klopfe an. Wenn jemand meine Stimme hört und die Tür auftut, werde ich zu ihm hineingehen und das Mahl mit ihm halten und er mit mir.

Schuld bedenken

Bußgottesdienst
Franz Richardt

Eingangslied
Begrüßung:
Liebe Brüder und Schwestern!
Ich begrüße Sie ganz herzlich zu diesem Bußgottesdienst.
1. Es ist erstaunlich, daß so viele Menschen zu einem Bußgottesdienst kommen. Offensichtlich gibt es das Bedürfnis, die eigene Schuld der vergangenen Wochen und Monate nicht einfach liegen zu lassen, sondern noch einmal zu bedenken und sie vor Gott ausdrücklich zu bekennen. Es ist das Bedürfnis, sich mit dem Unaufgeräumten im eigenen Leben, mit dem Liegengelassenen, dem Nicht-Erledigten so zu beschäftigen, daß es in Ordnung kommt, daß man freier leben kann.
2. Normalerweise weiß einer, wo er Fehler hat und welche Schuld auf ihm liegt. Er weiß, wo ihm das gute Wort fehlte, das der andere brauchte; wo er den Blick abwandte, den der andere suchte; wo er Herz und Tür nicht öffnete, als bei ihm angeklopft wurde. Normalerweise weiß ein Mensch, wo er seine Fehler hat; wo er launisch war, zu voll mit Terminen, so daß ihm für seine Mitmenschen wenig und manchmal zu wenig Zeit blieb; wo er anderen weh getan hat; wo er mit sich selbst nicht gut umgegangen ist.
Diese persönliche Schuld wird jeder hineinnehmen in das gemeinsame Bekenntnis. Dieser Gottesdienst bietet Raum und die Zeit, in der jeder zu sich selbst kommen kann. Und unabhängig von dem, was ich Ihnen als Anregung für Ihr Nachdenken gebe, sollten Sie nachher die Zeit der Stille vor dem gemeinsamen Bekenntnis dazu benutzen, Ihre Situation zu bedenken, so wie Sie sie ganz persönlich gelebt und erlebt haben.
3. So sehr der einzelne um sich weiß, so hilfreich kann es sein, von außen, von anderen einen Antstoß zum Nachdenken zu bekommen; von außen aufmerksam gemacht zu werden auf Weisen des Schuldigwerdens, die der einzelne möglicherweise übersieht. Das möchte ich mit Ihnen und für Sie tun.
Daß uns dabei Gottes Licht erleuchte, darum wollen wir für uns selbst und für uns gegenseitig beten.
Christus, du bist unser Friede.
Deine Klarheit gehe uns auf!
Deine Liebe strahle in uns!

Deine Gnade senke sich auf uns!
Und dein Friede umfange uns!

Lied

I. Besinnung

In einer Predigtzeitschrift (ZGP 2/86/8) habe ich folgenden Traum gelesen:
»Ich hatte einen absonderlichen Traum. Es war an einem schönen Abend, ich ging über den Marktplatz in Stuttgart und freute mich des geschäftigen Lebens – plötzlich entdeckte ich, daß ich in jeder Hand einen wohlgefüllten Mülleimer trug ...! Niemand schien es zu bemerken oder Anstoß daran zu nehmen. O wie ich machte, daß ich heimkam. Es war auch Zeit, ich war für den Abend in eine sehr gute Familie eingeladen und freute mich darauf. Also rasierte ich mich und machte mich fein, so gut ich konnte, und ich ging beschwingt und fröhlich durch die nächtlichen Straßen in das befreundete Haus. Ich stand schon in der Haustüre, da sah ich, daß ich noch immer einen Mülleimer in der Hand hatte – darüber wachte ich auf ...«
Ich nehme an: Die meisten von Ihnen werden den Traum sofort verstehen. Wie oft tun wir nach außen so, als seien wir einigermaßen gut gelaunt, aber innerlich schleppen wir unsere Mülleimer, den Abfall, das Negative mit uns herum. Wie wir die realen Mülleimer gerne verstecken, so verstecken wir sehr oft auch das, was wir seelisch mit uns herumschleppen. Auch im vornehmsten Haus gibt es Abfalleimer. Das sind die miesen Erfahrungen und die miesen Stimmungen, die Erinnerungen an Stunden, in denen man uns schlecht behandelt hat. Mit all den Folgen, die daraus kommen: Zorn, Bitterkeit, innere Unruhe. – Es sind die Erfahrungen, mit einer Aufgabe nicht klar gekommen zu sein, sich mit lieben Mitmenschen nicht verstanden zu haben, daß etwas nicht so gelaufen ist, wie es laufen sollte. Es sind die Schmerzen, die das Leben uns zufügt. Es sind unsere Leiden, unsere Selbstvorwürfe und unser schlechtes Gewissen.
Es sind unsere Stimmungen und die Folgen daraus:
Rückzug in die Eigenwelt, mangelnde Motivation, anderen noch etwas von sich mitzuteilen, das Verstummen.
Die Angst, zu kurz zu kommen, und das Gefühl, vom Leben benachteiligt zu sein, und der innere Hader mit dem Leben und mit Gott.
Es ist die Unfreiheit, daß man sich eingeengt vorkommt, immer aneckt, das Gefühl, ständig gestoßen zu werden.
Es ist der Zeitdruck und die Erfahrung, daß man nicht immer die nötigen Nerven hat.

Das alles tragen wir wie Mülleimer mit uns herum. Es beeinflußt unsere Stimmungen, es lähmt uns oder läßt uns unmotiviert losplatzen, es macht uns hart gegen uns und andere, es läßt uns klagen und nörgeln. Es käme darauf an, daß wir diese Mülleimer nicht dauernd mit uns herumschleppen. So wie wir eine Grippe auskurieren müssen und nicht verschleppen dürfen, wenn wir nicht noch kränker werden wollen, so ist es gut, daß wir die negativen Gefühle zunächst zulassen, daß wir uns mit ihnen auseinandersetzen; und daß wir sie dann auch liegen lassen können, daß sie uns dann nicht mehr beschweren, wenn wir ganz andere Dinge zu tun haben. Die folgende Stille und das sich anschließende Orgelspiel bieten Raum und Zeit, daß jeder für sich darüber nachdenkt, welche Mülleimer er mit sich herumschleppt und wie er sich davon beeinflussen läßt, wie er mit seinen negativen Stimmungen an sich und anderen schuldig geworden ist und wie er sich ändern möchte.

Stille – Orgelspiel

II. Besinnung
Im Folgenden sollen uns Sätze von Dom Helder Camara bei unserem Nachdenken helfen.

»Wenn du dem Abbruch
eines Baugerüsts bewohnst,
bewundre
– selbstverständlich –
das Gebäude, das erscheint.
Denk aber auch an das Gerüst;
denn es ist hart,
Stütze gewesen zu sein während des Baus,
unerläßlich für das Werk,
und zur festlichen Stunde
weggeschafft zu werden als Schutt.
(in: Mach aus mir einen Regenbogen, S. 58).

Dieser Satz macht darauf aufmerksam, daß der Dienst, daß das, was hilft, das Leben aufzubauen, oft vergessen wird. Wieviel wird z. B. im Haushalt getan, was wie selbstverständlich hingenommen wird. Eltern werden oft von ihren Kindern vergessen, obwohl sie das Gerüst waren, mit dessen Hilfe die Kinder groß geworden sind. Mancher Mitarbeiter ist eine unerläßliche Hilfe, und oft bemerkt man seinen Dienst erst, wenn er einmal krank ist. Der Arzt, die Krankenschwester, der Seelsorger, der Lehrer, der Freund, die Oma, die Gemeinde, die Mitarbeiter in den Gremien: Es ist unbeschreiblich viel, was hilft, den Bau unseres Lebens zu errichten, oft wird es vergessen, oft bleibt der Dank aus. Wir sind es, die vergeßlich und undankbar sind.

Und andererseits: Wir sind ebenfalls oft in der Rolle, daß wir den anderen wie ein Gerüst zur Verfügung stehen und manchmal achtlos beseitegelegt werden. Das tut weh und verursacht Schmerzen. Ich soll diese Schmerzen sehen und zulassen, aber ich soll nicht den Wehleidigen und den Beleidigten spielen.

Stille – Orgel

III. Besinnung

Ein dritter Bereich, in dem wir schuldig werden, ist u. a. der, in dem wir es gar nicht merken. Von meiner Reise nach Brasilien sind mir zwei kleine Begebenheiten unvergeßlich. In Brasilien ist mir bei den vielen Flügen dreimal von einem Brasilianer nach einer kurzen Zeit des Gesprächs der Fensterplatz angeboten worden, damit ich möglichst viel von dem schönen Land sehen konnte. Bei der Rückreise stieg in Lissabon ein extravagant gekleideter Mann ein, setzte sich in meine Reihe und nahm ohne jede Rücksicht auf uns Nachbarn soviel Platz ein, daß wir uns ans Fenster bzw. zum Mittelgang hinquetschen mußten. Nicht ein einziges Mal hat er nur ein Anzeichen gegeben, daß er etwas anspruchsloser sein wollte. Wie oft kommt das vor. Da merkt einer gar nicht , wie er sich breit macht, wie er andere an die Wand drückt, wie er unsensibel agiert und reagiert, wie er gefühllos durch das Leben läuft und andere kaputtmacht.

Jörg Zink:

»Wenn man miteinander lebt, miteinander denkt und miteinander arbeitet, das ist, als wäre da eine Wiese.
Da gedeiht das eine –
und das andere wird zertreten.
Das eine blüht, das andere verkümmert.
Und es ist gut, hin und wieder zu sehen,
was da wächst,
und dem anderen zu danken, daß er darauf acht gegeben hat.«

Und es ist gut, hin und wieder zu bedenken, ob ich genug darauf achte, was beim anderen wächst. Und ob ich genug Aufmerksamkeit und Geduld mit dem anderen habe. Konkret kann man das sich klarmachen, wenn man bedenkt, was die Hände anderer bedeuten.

Dom Helder Camara:

»Bei der Versicherungsgesellschaft
habe ich mich besonders für die
Versicherung von Händen interessiert.
Was ist der Wert
von Künstlerhänden?
von Ärzte- und Pflegerinnenhänden?

von Athletenhänden?
von Schriftstellerhänden?
Was ist der Wert –
ja, das möchte ich wissen –
von Händen, die Almosen heischen,
und von solchen, die sich geben,
von Händen, die beten,
von Händen, die Dich, Herr,
emporheben?«
(in: ebd., S. 55).

Vielleicht bedenken wir in der folgenden Stille die Aufmerksamkeiten anderer uns gegenüber und unsere Achtsamkeit bzw. Unachtsamkeit anderen gegenüber.

Stille – Orgel

IV. Besinnung

Dom Helder Camara:
»Der Lärm,
der uns hindert,
die Stimme Gottes zu hören,
ist nicht,
wirklich nicht,
das Geschrei der Menschen
oder das Fiebern der Städte
und noch weniger das Sausen des Windes
oder das Plätschern des Wassers.
Der Lärm,
der die göttliche Stimme
erstickt,
ist der innere Aufruhr
gekränkter Eigenliebe,
erwachenden Argwohns,
unermüdlichen Ehrgeizes.«
(ebd., S. 72).

Bei diesem Gedanken von Dom Helder Camara geht es um das Gebet. Um die Beobachtung, daß wir oft nicht richtig zum Beten kommen, weil wir innerlich so unruhig sind. Die Unruhe erstickt die Hinwendung zu Gott. Bei einigen ist die Unruhe so groß, daß sie sich ganz wenig Zeit zum Beten nehmen. Bei anderen ist es so, daß sie sich zwar hin und wieder Zeit zum Beten nehmen, aber dann feststellen müssen, daß sie immer wieder abgelenkt sind; daß sie an Gott denken wollen und dann an alles

Mögliche denken, nur nicht an Gott. Camara nennt einige Gründe für diese innere Unruhe.

Die gekränkte Eigenliebe, also das eigene Recht-haben-Wollen, die eigenen Interessen, die eigene Wehleidigkeit, daß der einzelne immer wie auf einer Umlaufbahn um sich selbst ist, daß er so von sich beansprucht ist, daß einfach kein Raum mehr ist, an etwas anderes zu denken.

Den erwachenden Argwohn: also den Bereich des Vergleichens; das Mißtrauen, daß die anderen es mit einem nicht gut meinen; das Spekulieren, was die anderen denken und was sie wohl im Schilde führen; die schlimmen Vermutungen und Verdächtigungen, das Unterstellen von falschen Motiven; die krankhafte Einbildung; die Eifersucht.

Und den unermüdlichen Ehrgeiz: also den Bereich in unserem Leben, in dem wir immer mehr haben und immer weiter kommen wollen.

Immer geht es bei diesem inneren Aufruhr um einen inneren Stachel, um ein Gereiztsein, das einen nicht zur Ruhe kommen läßt. Vielleicht macht einem gerade die Zeit, die man sich zum Gebet nimmt, bewußt, wieviel an Eigenliebe, Argwohn und Ehrgeiz in einem wohnt. Wie wenig wir uns dann tatsächlich um Gott kümmern. Daß wir zwar Worte des Gebetes sprechen, aber mit dem Herzen woanders sind. Nun kann man solche Gedanken nicht von heute auf morgen abstellen. Vielleicht ist es eine Möglichkeit, sie bewußt ins Gebet hineinzunehmen, sich als eben diesen unruhigen Mensch Gott hinzuhalten. Damit er uns ein neues Herz und einen neuen Geist schenken kann. Darum wollen wir ihn immer wieder bitten.

Stille – Orgel

Schuldbekenntnis:

Wir wollen uns nun vor Gott hinstellen, ihm unsere erkannte und unbekannte Schuld bekennen und ihn um Vergebung bitten.

Lied

Wir sprechen: Ich bekenne Gott, dem Allmächtigen, ...
Bitte um Vergebung:
Herr Jesus Christus,
Du Licht der Vergebung, erhelle mir den Weg.
Du Baum des Friedens, gib mir Schatten.
Du Welle der Liebe, trage mich über das Meer.
Du Kraft der Versöhnung, lasse mich die Hindernisse überwinden.
Du Leben Gottes, fließe durch meine Seele und meine Hände.
Vergib mir meine Schuld.

Der allmächtige Gott erbarme sich deiner, er lasse dir die Sünden nach und führe dich zum ewigen Leben.
Nachlaß, Vergebung und Verzeihung deiner Sünden schenke dir der allmächtige Gott, der Vater, der Sohn und der Heilige Geist.

Stille – Dank

Danklied

Verabschiedung:
Es ist eine Zusage, die Möglichkeit zu haben, noch einmal anfangen zu können; sich zu besinnen, so wie wir es heute abend getan haben, und anders weiterzumachen: die unbenutzten Gelegenheiten noch zu benutzen, die versäumten Augenblicke nicht weiter zu versäumen, die kommenden Tage zu behandeln als Tage, die noch unbelastet sind. Es ist ein Geschenk, die Fähigkeit zu haben, sich nicht zufrieden zu geben, nicht bei dem zu bleiben, was ist, nicht nur abzuwarten, sondern zu handeln. Dieser Zusage gemäß erbarmt sich unser der Herr, der gute Gott über uns. Er läßt sein Angesicht über uns leuchten.
»Du, Gott der Anfänge, segne uns,
wenn wir deinen Ruf hören
und wenn wir Mut bekommen, neu anzufangen.
Du, Gott der Anfänge, behüte uns,
wenn wir den alten Menschen loslassen,
wenn wir dankbar werden für alle Gaben
und wenn wir das Gute wollen.
Du, Gott der Anfänge, laß dein Angesicht über uns leuchten,
wenn wir in Vertrauen und Zuversicht
einen neuen Schritt wagen auf dem Weg des Glaubens.
Du, Gott der Anfänge, sei uns gnädig,
wenn uns die alten Schwächen einholen
und wenn wir mutlos werden wollen.
Du, Gott der Anfänge, lege dein Angesicht auf uns,
wenn wir Sehnsucht nach Frieden und Erfüllung haben.
Du, Gott der Anfänge, schenke uns Frieden,
wenn wir uns auf den Weg machen.
Laß die Blumen blühen für jeden von uns,
laß Wind uns den Rücken stärken
und die Sonne uns warm auf das Gesicht scheinen, wo immer wir gehen.
Du, Gott der Anfänge, schenke uns ein gutes Leben.« (M. Thurner)

Es segne euch der allmächtige Gott, der Vater, der Sohn und der Heilige Geist. Gehet hin in Frieden!

Schluß – Orgelspiel
(in der Fastenzeit)

Totensonntag – Ewigkeitssonntag

»Lehre uns bedenken, daß wir sterben müssen«

Psalm 90,1–12 Rundfunkpredigt
Helmut Gröpler

Liebe Hörergemeinde! Am heutigen Sonntag denken wir an Menschen, mit denen wir ein Stück Leben geteilt haben und die nun nicht mehr sind. Tage, an denen wir miteinander glücklich waren, und Tage, an die wir nicht so gern zurückdenken, sind vorüber. Und manch einer von uns ist noch mitten drin im Prozeß der Trauer. Möge Gott uns nahe kommen, heute und immer wieder, daß wir nicht mutlos werden und die Leere nicht zu groß wird.
Heute möchte ich Sie bitten, mir in Gedanken in ein Krankenhaus zu folgen, an den Ort, an dem heutzutage normalerweise gestorben wird. Wir stellen uns vor: wir träten in ein Zimmer ein, in dem in einem Bett ein Mann liegt, ein alter Mann. Er ist noch nicht lange hier. Er lebte nach dem Tod seiner Frau allein in der kleinen Wohnung am Park. Und als sich die Krankheit meldete und es in den eigenen vier Wänden nicht mehr ging, holte die Tochter ihn zu sich. »Wir brauchen dich doch noch, Vater, du weißt es!« Und jetzt liegt er hier auf Station VII a. Nierenversagen! Die Untersuchungen sind noch nicht abgeschlossen. Die Tochter hält seine Hand. Wie schwer er atmet! Noch nicht, denkt sie, bitte noch nicht. Ich glaubte immer, wir hätten noch so viel Zeit.
Du lässest sie dahinfahren wie einen Strom/ sie sind wie ein Schlaf/ wie ein Gras/ das am Morgen noch sproßt/ das am Morgen blüht und sproßt und des Abends welkt und verdorrt.
Die Tochter am Bett des Vaters. Da schlägt er seine Augen auf. Wie aus einer fernen Welt zurückgekehrt, muß er sich erst zurechtfinden. Schön, daß du da bist, sagt er leise. – So hat er mich immer begrüßt, denkt sie. Ich habe dir etwas mitgebracht, Vater, etwas Frisches: Heidelbeeren. Ich habe sie vorhin gepflückt am Hang, an »deinem« Hang. Sie stehen gut in diesem Jahr. – Schön, sagt er, ich danke dir. Weißt du, ich bin jetzt immer so müde, ich könnte schlafen, immer nur schlafen.
Der du die Menschen lässest sterben und sprichst: kommt wieder, Menschenkinder!
Die Tochter besucht ihren Vater jetzt täglich, sie darf kommen, wann immer sie möchte. Schwester Ulrike hat das ausdrücklich gestattet. So im

Vorübergehen – sie hat ja immer viel zu tun – sagt sie zur Tochter: Was für ein netter Mann! Doch ein Ton des Bedauerns liegt in ihrer Stimme. Schade, daß er sterben muß, heißt dieser Satz eigentlich. Heute ist er nicht mehr ansprechbar. Seine Augen sind geschlossen. Die Heidelbeeren stehen auf dem Nachttisch. Er hat sie nicht angerührt.
Ob er noch etwas wahrnimmt? Sicher fühlt er, daß ich da bin, daß jemand für ihn da ist. Hörst du mich, Vater? Ich bin da, deine Annegret. Ich kann dir nicht helfen. Wenn ich könnte ... Hörst du, ich bin hier. Und Christus ist hier. Er ist bei dir. »Und ob ich schon wanderte im finstern Tal, fürchte ich kein Unglück, denn du bist bei mir, dein Stecken und Stab trösten mich.« Ich möchte dir danken, lieber Vater, für alles, was du für uns getan hast. – Schwer geht sein Atem, unregelmäßig. Wieder dieses Röcheln! Ob das das Letzte ist? Wenn ich noch einmal mit ihm sprechen könnte!
Denn tausend Jahre sind vor dir wie der Tag/ der gestern vergangen ist/ und wie eine Nachtwache.
Ich möchte jetzt bei ihm bleiben. Nein, schlafen könnte ich jetzt nicht. Ich habe immer alles für selbstverständlich gehalten. Wir Kinder sind unsere eigenen Wege gegangen, jeder von uns hat ja seinen Lebenskreis und seine Probleme. Und er war immer da so ganz ohne Anspruch. Er hat nie gesagt, was er wünscht. Er hat auch nie davon gesprochen, was ihn bedrückt. Er hat sich uns nicht zugemutet. Weil er uns nicht belasten wollte? Weil er's nie gelernt hat in seinem Leben, über sich zu sprechen? Habe ich ihm gegenüber je von meinen Sorgen und Freuden gesprochen? Kaum. Waren unsere Beziehungen zu oberflächlich? Habe ich zuwenig Liebe gezeigt? Irgendwie fühle ich mich nicht wohl in meiner Haut. Hätten wir nicht über anderes, Wesentlicheres sprechen können, als es noch ging?
Wir bringen unsre Jahre zu wie ein Geschwätz!
Der Arzt sagt: Sie müssen mit dem Schlimmsten rechnen, zu dem Nierenversagen ist eine Lungenentzündung gekommen. Die Antibiotika schlagen einfach nicht an. Ich weiß nicht, warum. Morgen wissen wir mehr, hoffe ich. Sie entschuldigen mich, bitte.
Ja, ich entschuldige ihn. Der Arzt hat keine Schuld, wenn er stirbt. Hat überhaupt jemand etwas falsch gemacht? Vater selbst? Hat er sein Leben falsch angepackt? Wieviel Schuld hat einer an seinem Schicksal? Bin ich schuldig geworden an ihm?
Denn unsre Missetaten stellst Du vor Dich/ unsre unerkannte Sünde ins Licht vor deinem Angesicht.
Die Tochter streichelt Haare, Hände und Arme ihres Vaters. Sie legt ein nasses, kühlendes Tuch auf seine Stirn. Sie befeuchtet seine Lippen. Lange bleibt sie bei ihm, bis spät in die Nacht hinein. *... wie eine Nachtwache.* Sie betet – für ihn, für das Leben, das noch in ihm ist.

Hat sein Atem eben nicht kurz ausgesetzt? Wieder atmet er ein und aus. Leben – Tod. Da liegt er nun zwischen Leben und Tod. Einatmen – Ausatmen, Leben – Sterben. Wohin wird sich die Waagschale senken? Ist das alles? Ist das die Grenze, vor der Vater steht? *Unser Leben währet siebzig Jahre/ und wenn's hoch kommt/ so sind's achtzig Jahre/ und was daran köstlich scheint/ ist doch nur vergebliche Mühe/ denn es fähret schnell dahin/ als flögen wir davon.*

Plötzlich ist sehr viel Ruhe in dem Raum. Und die Zeit schleicht jetzt. Ist er nun erlöst? fragt sie sich. Ich kann es noch nicht fassen! Erlöst, wovon – wozu? Bin ich erleichtert, daß die Qual zu Ende ist? Bin ich traurig, daß er nun nicht mehr da ist? Bin ich froh, daß ich aufhören kann, mit ihm zu sterben? Das alles ging zu sehr an die eigene Substanz; wie lange hätte ich das noch durchgehalten? – Vater, ich bleibe noch eine Weile bei dir. Noch möchte ich deine Hände nicht loslassen. –

Kurz vor vier geht sie schließlich hinaus, zur Nachtschwester. Er hat ausgelitten, kann sie nur sagen.

Lehre uns bedenken/ daß wir sterben müssen/ auf daß wir klug werden.– – –

Leben hat seine Zeit, seine Grenze, auch unser Leben, liebe Hörerinnen und Hörer. Heute bedenken wir diese Grenze. Wir wollen's wenigstens versuchen. Dazu ist uns dieser Tag gegeben. Wir denken heute an unsere lieben Toten, die diese Grenze schon überschritten haben. Und wir denken an Menschen, mit denen wir noch auf dem Wege sind. Gemeinsame Zeit ist uns gegeben.

Eine amerikanische Nonne hat den Satz geprägt: »Today is the first day of the rest of your life« (heute ist der erste Tag vom Rest deines Lebens). Todesgedanken und Freude am Leben sind in diesem Spruch zusammengespannt. Ich wünsche Ihnen und mir die tägliche Freude, die wir zum Leben brauchen. Ich wünsche mir, daß auf meinem letzten Weg jemand bei mir ist, daß jemand da ist, dessen Nähe mir wichtig ist. Und ich weiß, daß, wenn ich die Hand des mir liebsten Menschen loslasse, eine andere Hand mich festhält. In ihr darf ich geborgen sein, sie hebt mich auf und trägt.

Herr/ Du bist unsre Zuflucht für und für. Ehe denn die Berge wurden und die Erde und die Welt geschaffen wurden/ bist Du Gott/ von Ewigkeit zu Ewigkeit.

Ewigkeitssonntag heißt der heutige Tag. Wir sehen nach vorn. Weder Tod noch Leben trennen uns von Gottes Liebe, die in Jesus Christus ist.

Im Frieden

Psalm 31,15 f.
Günter Bublitz

Ich aber, Herr, hoffe auf dich und spreche: Du bist mein Gott! Meine Zeit steht in deinen Händen. – So spricht der Beter des Alten Testaments. Ach, wenn wir doch auch so sprechen könnten, liebe Gemeinde! Und: wenn wir es vor allem glauben könnten! Meine Zeit, o Gott, steht in deinen Händen. Das, was war. Das, was ist. Und das, was kommt.

Toten- und Ewigkeitssonntag begehen wir heute. Beides stimmt. Beides zeigt uns in unserer Not, die Zeit zu begreifen und aus Gottes Hand zu nehmen. Unsere Vergangenheit, unsere Gegenwart, unsere Zukunft.

Weil wir mit dem, was war, und mit dem, was ist, und mit dem, was kommt, nicht fertig werden, darum sind wir hier, Antwort heischend, nach Trost suchend, zweifelnd, niedergeschlagen, ängstlich.

Weil unser Herz ein »trotzig und verzagt Ding« ist, wie Jeremia sagt, darum sind wir hier. Er hat recht. Und es ist gut, daß wir hier sind. Wir sind vor den getreten, der uns zuruft: *Ich* bin euer Tröster (Jes 51,12), damit wir es lernen, unsere verzagten Herzen und unsere Zeit wieder in seine Hand zu legen, das, was war, das, was ist, und das, was wird.

Was war, liebe Gemeinde? Eine unnötige Frage, nicht wahr? Unendlich viel für viele von Ihnen. Alles. Ein und alles. Ein und alles, das wir weggeben mußten, das wir nicht halten konnten, das nicht mehr ist. Was war? Wir standen an vielen offenen Gräbern im vergangenen Jahr, mit aufgewühlten Herzen, mit zuckendem Mund und mit bebenden Schultern. Fragen über Fragen. Die Erfahrung von Ohnmacht und Sprachlosigkeit. Welch schlechte Tröster wir Menschen doch sind.

Was war, liebe Gemeinde? Quälende Rufe der Vergangenheit. »Die Mutter ruft ihr Kind, das Kind die Mutter, der Mann ruft die Frau, der Freund den Freund, der Bruder den Bruder, die Liebe weint um das Verlorene: Wo seid ihr Toten? Schweigend seid ihr von uns gegangen, so sprecht doch, warum seid ihr so fern?« (D. Bonhoeffer, GS IV,161) Aber sie sprechen nicht. Wir können sie nicht zurückrufen, nicht mit Tränen, nicht mit Bitten, nicht mit Beschwörungen. Sie bleiben stumm und fern. Und hinterlassen Lücken, Zweifel, Fragen. Wo sind unsere Toten? Die Frage nach dem, was war, am heutigen Totensonntag. Sie kann nicht beantwortet werden mit Spekulationen und Fantasien, nicht mit Alpträumen und nicht mit Wunschträumen. Wir können sie uns nur beantworten lassen von dem, in dessen Händen unsere Zeit steht, unsere Vergangenheit, unsere Toten, ihre Zeit. Wo sind unsere Lieben? »In den Augen der Unverständigen gelten sie als tot«, so heißt es im Buch der Weisheit Salomos. »Ihr Abscheiden wird für Strafe gehalten und ihr Weggehen von uns für Verderben. Aber: Sie sind im Frieden!« (Weish. 3,2–3)

Merken wir es, liebe Gemeinde? Dieses Aber Gottes hat eine ganz andere Qualität als all unsere Zweifel, Fragen und Verständnislosigkeiten. An die Stelle unserer ängstlichen und verstörten Wenn und Aber tritt das befriedende und heilende Aber Gottes: Aber sie sind im Frieden. Dieses Aber Gottes kommt zu uns wie aus einer anderen Welt. Es kommt zu uns, die wir nicht wissen, was der Friede Gottes ist, weil wir uns im Einerlei täglicher Hektik verzehren. Es kommt zu uns, die wir unsere Toten nicht in Frieden lassen können, weil wir Lebende den Frieden Gottes nicht kennen. Es kommt zu uns, die wir selbst keinen Frieden finden für unser verzagtes Herz, weil wir es verlernt haben, in Gott Ruhe zu finden, in dessen Händen unsere Zeit steht.

Es ist erstaunlich, wie genau der alte Weisheitsprediger die Einbahnstraßen unserer Todesbewältigung kennt: Wo sind sie, unsere Lieben? »In den Augen der Unverständigen gelten sie als tot. Ihr Abscheiden wird für Strafe gehalten und ihr Weggehen von uns für Verderben.«

Sind wir das nicht? Sind wir nicht derart unverständig? Fragen wir im Blick auf unsere Toten nicht so, daß wir an der Antwort Gottes einfach vorbeihören müssen, an seinem gnädigen und heilenden Aber? Aber sie sind im Frieden.

Wir verzehren uns in der hoffnungslosen Feststellung, daß sie nicht mehr sind, unsere Lieben. Wir suchen, das zu begreifen, was doch nicht zurückzudrehen ist. Wir halten die Vergangenheit fest in Bildern und Erinnerungen und wundern uns, daß uns die Vergangenheit nicht losläßt. Wir zermartern unser Gehirn und kommen doch nur immer wieder zu der gleichen Wahrheit: daß unsere Lieben »nicht mehr sind«.

Wo wir im Blick auf unsere Toten am Ende sind mit unserem Wenn und Aber, gilt uns das heilsame Aber Gottes: Aber sie sind im Frieden.

Wir verzehren uns in auswegloser Fragerei im Blick auf das Warum und Wieso unserer Toten. Wir suchen krampfhaft nach Ursachen und Erklärungen, wir weisen Schuld zu, anderen und uns, und wir landen doch immer wieder bei ein und der gleichen Wahrheit: daß es Erklärungen nicht gibt, und wenn es sie gibt, sie uns nicht weiterbringen. Wo wir zu zerbrechen drohen an unseren Fragen und Zweifeln, wo wir unsere Toten nicht in Frieden lassen mit all unserem Warum und Wieso, da sagt Gott: Aber sie sind im Frieden. Wo wir schreien und zürnen und zu begreifen versuchen, was nicht mit unserem Verstand zu begreifen ist, da hält uns Gott mit heilender Hand den Mund zu und wischt uns die Tränen des Nichtsverstehens von den Augen: Aber sie sind doch im Frieden.

Überall, wo wir keinen Frieden finden im Blick auf unsere Toten, wo wir grübeln über Leid und Krankheit und frühen Tod, wo wir Schuld suchen und Reue empfinden, wo wir uns im Kreis drehen mit unseren Fragen nach Sinn und Zeitpunkt und Warum und Wieso, sagt Gott: Aber sie sind im Frieden.

Wo wir nur Widersprüche sehen, erhebt Gott Einspruch: Aber sie sind doch im Frieden.

Das steht über allen Gräbern unserer Lieben. Ob sie alt und lebenssatt gestorben sind oder viel zu früh und gegen jede Vernunft. Ob mit siebzehn oder mit siebzig. Ob einsam und an der Krankheit zum Tode oder unter dem Joch der Krankheit und in der Einsamkeit einer Intensivstation. Ob lebensmüde am Ende langer Wanderschaft oder lebensfroh in der Blüte junger Jahre. Über ihnen allen steht verläßlich die Antwort, die wir selbst uns nicht geben können: Aber sie sind im Frieden!

Ich aber, Herr, hoffe auch dich und spreche: Du bist mein Gott! Meine Zeit steht in deinen Händen. – Auch meine Vergangenheit, das, was war, das, was nicht mehr ist.

Und unsere Gegenwart, liebe Gemeinde? Das, was ist? Unsere Trauer, unsere Erinnerung, unsere Liebe, die dennoch um Verlorenes weint? Unser Befangensein im Vergangenen?

Wenn unsere Toten im Frieden sind, dann dürfen wir sie getrost in Frieden lassen. Unsere Toten in Frieden lassen, heißt nicht, ihrer nicht mehr in Liebe zu gedenken. Gerade das darf am heutigen Tag und an jedem anderen Tag zu seinem Recht kommen. Unsere Toten in Frieden lassen heißt aber, darauf zu trauen, daß sie auch wirklich im Frieden sind. *Wir* können nichts mehr für sie tun, mit unseren Tränen nicht, mit unseren Klagen nicht, mit unseren Erklärungen nicht. Wir brauchen nichts mehr für sie zu tun, weil Gott alles für sie getan hat. Treten Sie getrost in diesem Wissen vor die Gräber Ihrer Angehörigen!

Meine Zeit, o Gott, steht in deinen Händen. Auch unsere Gegenwart? Das, was ist? Unsere verzagten, unentschlossenen, friedlosen Herzen? Daß unsere Lieben in Gottes Frieden sind, heißt, daß wir mit dem, was war, Frieden schließen können. Ist das nicht eine große christliche Freiheit, die uns unterscheidet von all denen, die den Tod verteufeln, vergötzen oder beklagen müssen?

Gott befreit uns von der Last dessen, was war, von überflüssigen Sorgen, von unnötigem Kummer, von allen hinderlichen Bindungen an unsere Vergangenheit. Christus hat dem Tod die Macht genommen. So heißt es im 2. Timotheusbrief. Was er hinter sich gebracht hat, das dürfen wir nicht immer wieder vor uns aufbauen, auch heute am Toten- und Ewigkeitssonntag nicht. Denn: Sie sind im Frieden.

Gott befreit uns von der Last unserer Vergangenheit, damit wir die Last

unserer Gegenwart unverzagten Herzens tragen, in der Nachfolge dessen, der der Herr dieser Gegenwart ist.
Der, der dem Tod die Macht genommen hat, will, daß wir allen Totengräbern unserer Zeit in seinem Namen die Machtansprüche streitig machen.
Der, der über dem Frieden unserer Toten wacht, will, daß wir über dem Frieden der Lebenden wachen.
Der Tod hat unzählige Gesichter in unserer Zeit. Sie sind zumeist verzerrt, absonderlich und in Schuld verstrickt. Auf den Schlachtfeldern wird gestorben, in der Einsamkeit der Altenheime, im sterilen Neonlicht der Krankenhäuser. Unschuldige sterben unter der Folter der Gefängnisse. Unmündige sterben in Bahnhofsvierteln und auf Toiletten an ihrer letzten Dosis Heroin. So mancher, der zu Beginn meiner Predigt noch lebte, ist jetzt schon nicht mehr. Und während der ca. 14 Minuten, die ich hier zu Ihnen spreche, sind nach den Angaben der Statistiker weltweit 420 Kinder Hungers gestorben.
Gott befreit uns von unserer Vergangenheit und ihren Kümmernissen zu dieser Gegenwart. Diese Befreiung ist Last und Verpflichtung. Diese unsere Gegenwart erfordert unseren ganzen Einsatz und die ganze Liebe unseres Herzens. Dieser Einsatz wird uns Anfechtung bringen, Verdruß und Opfer, aber auch den Frieden für unsere verzagten und unentschlossenen Herzen. *Er* ist unser Friede. Aber *Er* verlangt auch etwas von uns. Wir dürfen ausbrechen aus den Gefängnissen unserer Vergangenheit. Wir dürfen das, was war, Gott anheim stellen und uns dem zuwenden, was ist. Diese Freiheit hat nicht jeder. Wir haben sie!
Meine Zeit, o Gott, steht in deinen Händen. Mein Leben, meine Gegenwart, meine Verantwortung, das, was ist. Die Zeit eines jeden Menschen steht in Gottes Händen. Und es ist menschliche Schuld, wenn sie in die Hände des Todes und des Verderbens gerät. Wir haben im Namen Gottes anzutreten gegen all die, die den Tod verherrlichen und zum Herrscher über Mensch, Zeit und Welt küren. Unsere Zeit, o Gott, steht in deinen Händen! Das ist Befreiung. Das ist Verpflichtung. Das ist Frieden. Aber sie sind im Frieden. Aber wir sind im Frieden!
Meine Zeit, o Gott, steht in deinen Händen. Das, was war. Das, was ist. Und das, was kommt. Das, was kommt? Auch unsere Zukunft? Wissen wir denn, was kommt? Ist nicht unser eigener Tod das einzige, was wir sicher wissen? Und ist nicht alles andere unserer Voraussicht entzogen? Und fürchten wir uns nicht deshalb vor dem, was kommt?
Es ist sicher richtig, daß das, was kommt, unserer Voraussicht entzogen ist. Wir sind keine Hellseher, und das ist wunderbar. Das, was kommt, mag unserer Voraussicht entzogen sein, aber nicht unserer Vorsicht? Gott entbindet uns von allen falschen Spekulationen und Utopien im Blick auf unsere Zukunft. Er will weder, daß wir hellsehen, noch daß wir

schwarz sehen. Er will, daß wir klar sehen! Gott nimmt uns die Sorge um die Zukunft, weil er uns in die Verantwortung für die Gegenwart stellt. Gott befreit uns auch von falschen Bindungen an die Zukunft: von kurzsichtiger Angst, von blinder Panik, aber auch von den Scheuklappen falscher Zukunftssicherheit. Vorsichtig sollen wir sein im Auftrag Gottes, tätig und wachsam.

Meine Zeit, o Gott, steht in deinen Händen. Auch das, was kommt. Es wird die Zukunft deines Friedens sein, wenn wir die Gegenwart deines Friedens ernstnehmen.

In deinen Händen – auch das, was kommt. Auch unser ganz persönlicher Tod? Warum nicht sagen am heutigen Totensonntag, daß er uns Sorgen macht? Wie steht es um unseren Frieden, wenn wir einmal gehen müssen? Wird dann noch glaubhaft sein, daß unsere Zeit in Gottes Händen steht?

Das, liebe Gemeinde, wird davon abhängen, wie sehr wir Gottes Frieden in unserem Leben ernst genommen und wahrgenommen haben. Ob wir es geglaubt haben, daß unsere Toten im Frieden sind. Ob wir glaubhaft gemacht haben, daß *Er* unser Friede ist. Ob wir vorsichtig genug waren, daß *sein* Friede kam.

Wenn Gott Herr über unsere Vergangenheit, Gegenwart und Zukunft war, dann wird er auch der Begleiter unseres letzten Ganges sein. Wenn unsere Zeit in Gottes Händen stand ein Leben lang, dann wird der Tod zum Ziel unseres Lebens. Christus, der ist mein Leben. Sterben ist mein Gewinn, sagt Paulus. Warum sollten wir daran noch zweifeln?

Wenn wir uns Gott im Leben anvertrauen, dann wird er uns auch im Sterben nicht allein lassen. Wer mit Gott lebt, kann getrost sterben. Getrost – wirklich getröstet, heißt das.

Ich will Ihnen zum Schluß ein Zeugnis wirklichen Getrostseins lesen. Aus einem Brief, den Wolfgang Amadeus Mozart am 4. April 1787 an seinen Vater schrieb:

»Da der Tod (so gesehen) der wahre Endzweck unseres Lebens ist, so habe ich mich seit ein paar Jahren mit diesem wahren, besten Freunde des Menschen so bekannt gemacht, daß sein Bild nicht alleine nichts Schreckendes mehr für mich hat, sondern viel Beruhigendes und Tröstendes ... Ich lege mich nie zu Bette, ohne zu bedenken, daß ich vielleicht (so jung als ich bin) den anderen Tag nicht mehr sein werde. – Und es wird doch kein Mensch von allen, die mich kennen, sagen können, daß ich im Umgange mürrisch oder traurig wäre. – Und für diese Glückseligkeit danke ich alle Tage meinem Schöpfer, und wünsche sie von Herzen jedem meiner Mitmenschen.« (Mozart, Briefe, Berlin 1977, 374 f.)

Ich möchte diesem Wunsche nichts hinzufügen. Er ist erfüllbar. Wenn wir Gott unsere Toten anvertrauen, wenn wir uns von Gott unsere Weltver-

antwortung anvertrauen lassen und wenn wir dem allmächtigen Gott unsere Zukunft zutrauen, dann wird uns kein Tod mehr schrecken können!
Aber sie sind im Frieden! Aber wir leben vom Frieden! Und wir werden im Frieden sein!
Unsere Zeit, o Gott, steht in deinen Händen! Dona nobis pacem! Gib uns Frieden!
Amen

Dann!

Jesaja 65,17–25
Günter Bublitz

Das vergangene Jahr hat dreißig Menschen aus unserer Mitte gehen sehen. Dreißigmal ging ein lieber Mensch dahin und hinterließ Trauer oder Tränen, Fragen oder Zweifel, Schweigen oder Schrecken, Entsetzen oder Zorn. Und so mancher ist heute hier unter uns, für den einer jener dreißig mehr war als alles andere auf der Welt: der Vater oder die Mutter oder das Kind oder der gute Freund.
Es ist gut, daß Sie hier sind und daß Sie Ihre Fragen mitgebracht haben. Nicht, weil wir auf jede Frage auch gleich eine passende Antwort wüßten, sondern weil wir unsere Fragen gemeinsam vor den bringen wollen, der allein wirkliche Hoffnung und wirkliche Zukunft eröffnen kann.
Nur selten, liebe Gemeinde, erlebe ich es, daß eine Beerdigung eine getroste, frohe und zuversichtliche Sache ist. Das ist dann der Fall, wenn ein Leben, das fest im Glauben an die Gnade Gottes verwurzelt war, sein natürliches Ende findet, in hohen Jahren, alt und lebenssatt, wie die Bibel das von Abraham berichtet. –
Doch nur selten ist dies der Fall. Und dann haben eben andere Dinge am Grab eines lieben Menschen ihren Platz: Ratlosigkeit, Verbitterung, Sprachlosigkeit, Schmerz, Verzweiflung, Nichtverstehen, Trauer.
Da stirbt eine Mutter an Krebs im Alter von 52 Jahren und hinterläßt einen Mann und zwei Töchter. Die Ärzte am Ende ihrer Kunst. Verschweigen und Lügen aus Liebe und Rücksicht bestimmen die letzten Wochen und Monate. Zurück bleiben Leere und Nichtbegreifen, offene Wunden.
Da stirbt – nur wenige Monate nach ihrer Mutter – ein junges Mädchen

durch einen Unfall im Alter von 15 Jahren und hinterläßt einen Vater und zwei Geschwister. Es fehlen die Worte. Wer kann das gewollt haben? Zurück bleiben Verbitterung und Zorn, Zweifel an göttlicher Gerechtigkeit, offene Wunden.
Da stirbt eine alte Frau, nicht weit von hier, im Alter von 77 Jahren, wohl im biblischen Alter, aber dennoch nicht alt und lebenssatt, eher allein und lebensmüde. Die Beerdigung – eine bedrückende Szene: der Sarg, die Totengräber und ich, sonst niemand, keine Kinder, keine Verwandten, keine Freunde. Zurück bleibt – eben nichts, nur das dumpfe Gefühl im Wissen um all die, die auch lebensmüde und allein sterben, mitten in unserer Gesellschaft; auch das hinterläßt offene Wunden.
Da stirbt ein junger Mann durch ein Motorradunglück im Alter von 25 Jahren und hinterläßt Eltern und einen Bruder und Entsetzen bei Freunden und Kameraden. Wie kann so etwas geschehen? Was muß noch sein, um uns nachdenklich zu machen? Zurück bleiben Resignation und Tränen, offene Fragen und offene Wunden.
Da stirbt ein vitaler alter Mann im Alter von 80 Jahren infolge einer Kette unseliger Verstrickungen, menschlicher Nachlässigkeiten, Unterlassungen, Fehlentscheidungen und hinterläßt Verwandte, Mitarbeiter und Freunde. Ärger droht den Schmerz zu übertönen. Zurück bleiben Schreck und Trauer, der Versuch, es zu begreifen, warme Erinnerungen, offene Wunden.
Da stirbt eine Frau, plötzlich und unerwartet, im Alter von 59 Jahren, nach einem Leben der Arbeit und Aufopferung, und ohne die Früchte ihrer Mühe und die Ruhe des Alters erlebt zu haben. Man hätte gern Liebe mit Liebe vergolten und kann doch nun nicht mehr. Zurück bleiben Mitleid und Hilflosigkeit, die Frage nach dem Sinn aller Mühe und – offene Wunden. –
Es ließe sich so fortfahren, liebe Gemeinde, an die zwanzig Mal. Und all dies ist doch nur – und wie oberflächlich hört sich doch dieses ›nur‹ an –, all dies ist doch nur das Leid eines Jahres hier in Zülpich. Dieses ›nur‹ will nichts verniedlichen, und das geht wohl auch gar nicht. Aber es weist über unseren Horizont hinaus auf all die Schlachtfelder, Krankenhäuser, Altenheime, Hungergebiete und Sterbeorte unserer Erde. Und: dieses ›nur‹ vereint uns mit ihnen in einer Solidarität des demütigen und nach Antwort heischenden Fragens.
Die bestimmende Frage des heutigen Totensonntags aber ist – wenn man es ehrlich nimmt – nicht die nach dem Wo unserer Toten, sondern die nach dem Warum ihres Sterbens. Die Frage nach dem Wo unserer Verstorbenen findet ihre Antwort im Glauben an die Gnade des Gottes, der die Vonunsgegangenen an seiner Ewigkeit teilhaben läßt. Und diese Ewigkeit vorzustellen, übersteigt unser Vermögen, weil sie sich nicht mit

unseren engen Vorstellungen von Raum und Zeit fassen läßt. Es steht uns nicht zu, über Gottes Ewigkeit zu spekulieren. Wir dürfen ihrer gewiß sein und dürfen uns auf sie freuen! –

Die Frage nach dem Warum widersinnigen Todes aber darf uns nicht stets dazu geraten, an der Gerechtigkeit und Liebe Gottes zu zweifeln; jene uralte Frage: warum läßt Gott das zu?

Die Frage nach dem Warum widersinnigen Todes führt uns auf die Frage nach dem Anteil des Menschen an allem Leid und allem Tod dieser Welt. Wenn offene Wunden – und die gibt es, wie wir sahen – vernarben sollen, dann geht dies nicht ohne das Anerkennen unserer Schuld. Erst wo Schuld vor Gott zugestanden wird, können Wunden vernarben und heilen, auch Wunden, die der Tod uns schlug.

Die Frage nach Tod und Leid führt uns nicht zu einem lieblosen Gott, dem es gefiele, menschliches Leben zu verkürzen und zu erschweren. Die Frage nach unsinnigem Leid und unnatürlichem Tod führt uns zu einem Menschen, der die ihm von Gott gegebene Freiheit schändlich mißbraucht, der sich schuldig macht am Leben, Tag für Tag.

Der Tod ist der Lohn der Sünde, sagt Paulus. –

Und weiter: Die Frage nach dem Warum von Leid und Tod weist uns auf eine Welt, in der der Mensch stets und ständig damit beschäftigt ist, sich dem Kommen des Reiches Gottes zu widersetzen.

Es ist dies eine Welt, in der man tragende Gemeinschaft mehr und mehr verlernt. Die einsam und verlassen Sterbenden mahnen hier.

Es ist dies eine Welt, in der das Wissen um wahre Menschlichkeit oft einer materiellen Oberflächlichkeit gewichen ist. Ärztliche Kunstfehler und Sterbetechnik bis zum letzten Atemzug sollten zu denken geben.

Es ist dies eine Welt, die dem Menschen aus der Hand zu gleiten droht, weil die Technik häufig den Menschen beherrscht und nicht der Mensch die Technik. Die Unfallquoten sprechen ihre eigene Sprache.

Es ist dies eine Welt, in der Unsummen für Rüstung verschleudert werden, auf beiden Fronten, während die Krebsforschung noch immer auf der Stelle tritt und jährlich unzählige Menschen Hungers sterben. In dieser Welt haben wir unseren Platz und unseren Anteil an dieser Schuld, und wenn er im Dulden und Schweigen und Augenverschließen bestände.

Schon der Prophet Jesaja wußte um eine Welt der Heillosigkeit und des Ungehorsam, in der Leid und Tod Wunden reißen. Aber Jesaja weiß mehr. Er weiß um Hoffnung in hoffnungsloser Zeit. Er weiß um Verheißung in auswegloser Zeit. Er weiß um einen »neuen Himmel und eine neue Erde«, die Gott für uns bereithält. Nicht irgendwo, sondern hier. Nicht irgendwann, sondern dann, wenn wir sein Wort hören und unsere Schuld begreifen.

Predigttext.
Ist das nicht ein schöner Traum, mit dem es sich gut sterben ließe, liebe Gemeinde? Gleich jenen Soldaten der iranischen Armee, von denen man kürzlich berichtete, sie begingen Selbstmord in Gefangenschaft, weil Khomeni jedem im Krieg Gefallenen das Paradies versprochen hätte.
Jesajas Traum ist nichts zum Sterben, aber alles zum Leben! Es gibt Nachtträume und Tagträume. Nachtträume kennen wir alle: man träumt sie mit geschlossenen Augen, schlafend. Sie führen Vergangenes herauf, oft wirr und durcheinander, und enden nicht selten in Schreck, Herzklopfen und Angst.
Jesaja träumt mit offenen Augen. Er schläft nicht und steht mit den Füßen auf der Erde, auf Gottes Erde. Sein Traum ist kein Hirngespinst, sondern das Wissen um Gottes Anwesenheit in der Welt, allen menschlichen Verfehlungen zum Trotz. Hier taucht nicht Vergangenes auf, sondern Zukünftiges. Was Jesaja sieht, endet nicht in Schreck und Schweiß, sondern in Zuversicht und Freude, im Vertrauen auf Gottes Herrschaft.
Und Jesajas Traum ist Mahnung an uns und setzt voraus, daß wir eigene Schuld erkennen und bekennen, damit wir dann bereit sind, mit ihm mitzuträumen – mit offenen Augen – und mitzuhoffen und mitzuhandeln.
Denn siehe, ich will einen neuen Himmel und eine neue Erde schaffen, daß man der vorigen nicht mehr gedenken und sie nicht mehr zu Herzen nehmen wird. – Dann werden Totensonntage nicht mehr Leid und Schmerz in Erinnerung rufen, sondern wahre Ewigkeitssonntage des Dankes und der Freude sein. Dann wird nicht der Tod unserer Lieben im Mittelpunkt stehen, sondern ihr erfülltes Leben, an dessen Ende Gottes Ja und Ewigkeit steht.
Dann werden keine Kinder mehr da sein, die nur einige Tage leben, oder Alte, die ihre Jahre nicht erfüllen, sondern als Knabe gilt, wer hundert Jahre alt stirbt. Dann wird keine Rüstung mehr sein und keine Krankheit, die Menschen aus der Mitte ihres Lebens dahinraffen. Dann wird es keinen Hunger mehr geben und kein Vergehen an Natur und Umwelt. Dann werden nicht Unfälle sein noch Verzweiflungstaten, nicht Hilflosigkeit noch Versäumnisse.
Dann wird niemand mehr bauen, was andere bewohnen, und keiner mehr pflanzen, was andere vernichten. Dann werden alle die Früchte ihres Lebens ernten und die Ruhe ihres Alters genießen; und niemand wird mehr nach Sinn von Mühe und Arbeit fragen müssen. Dann wird kein alter Mensch mehr einsam sterben, sondern im Kreise seiner Verwandten und Freunde, weil der Mensch es gelernt haben wird, auch den Tod aus der Hand Gottes zu nehmen.
Dann werden Wolf und Schaf beieinander weiden und – was wichtiger ist

– auch der Mensch wird bei ihnen sein und nicht gegen sie. Dann wird es keinen Tierversuch mehr geben und keine Tierquälerei um der besseren Erträge willen.
Sie werden weder Bosheit noch Schaden tun auf meinem ganzen heiligen Berge, spricht der Herr.
Das ist kein Traum, liebe Gemeinde, sondern Gottes Wirklichkeit für unsere Welt. Das ist nicht fern, sondern nah, wenn wir unseren Glauben und unsere Tat daransetzen, zunächst in kleinen Schritten.
Das ist nicht Illusion, liebe Gemeinde, sondern Zukunft, auf die wir hoffen und auf die hin wir tätig sein dürfen, tätig sein sollen, tätig sein müssen.
Haben wir uns entfernt vom Thema des Totensonntags? Ich glaube nicht. Aber wir haben unversehens einen Blick getan, hinüber zur Advents- und Weihnachtshoffnung. Weil es Weihnachten gibt und Karfreitag und Ostern, darf der Blick auf den neuen Himmel und die neue Erde das letzte Wort haben nach unserer Trauer. Was wir für unsere Verstorbenen wissen dürfen, das dürfen wir für uns Lebende glauben, mit den Worten aus dem letzten Buch der Bibel:
Siehe, die Stätte Gottes bei den Menschen! Und er wird bei ihnen wohnen, und sie werden sein Volk sein, und Gott selbst wird bei ihnen sein.
Und Gott wird abwischen alle Tränen von ihren Augen, und der Tod wird nicht mehr sein, noch Leid noch Geschrei noch Schmerz wird mehr sein; denn das Alte ist vergangen, siehe, ich mache alles neu.

Die Erlösten werden wiederkommen

Jeremia 35,9 f.
Helmut Siegel

Die Erlösten des Herrn werden wiederkommen, Leid und Seufzen werden fliehen – solch ein Satz kann keinen, der um einen Menschen trauert oder trauerte, gleichgültig lassen. Ganz gleich, zu wem er ursprünglich gesagt war, wir beziehen ihn auf uns und unsere Lage, und Gefühle steigen in uns hoch. Das kann Verzweiflung und Resignation sein: Ja, schön wäre es! – Das kann auch Verbitterung sein: Niemals wird das geschehen, alles leeres Gerede! und es kann in uns fast vergessene Hoffnung wachwerden: Wird es so sein?

Mir ist bei diesem Wort des Propheten eine Geschichte eingefallen, die der Dichter Johann Peter Hebel nach einer wahren Begebenheit aufgeschrieben hat. »Unverhofftes Wiedersehen«, heißt sie. Sie ist fast zu schön, um gekürzt erzählt zu werden, und wer die Kalendergeschichten von Hebel zu Hause hat, sollte sie unbedingt in Ruhe nachlesen. Aber weil ich meine, sie paßt, sowohl zu unserer Situation wie zu diesem Bibelwort, will ich sie erzählen, ja, manche Stücke auch wörtlich lesen: Die Geschichte spielt in Falun in Schweden. Ein junger Bergmann liebt ein junges, hübsches Mädchen. In acht Tagen soll die Hochzeit sein. Aber »als der Jüngling den andern Morgen in seiner schwarzen Bergmannskleidung an ihrem Haus vorbeiging, da klopfte er zwar noch einmal an ihr Fenster und sagte ihr einen guten Morgen, aber keinen guten Abend mehr. Er kam nimmer aus dem Bergwerk zurück, und sie säumte vergeblich selbigen Morgen ein schwarzes Halstuch mit rotem Rand für ihn zum Hochzeitstag, und als er nimmer kam, legte sie es weg und weinte um ihn und vergaß ihn nie.«
Mancher, liebe Gemeinde, wird sagen: Das ist besonders schlimm, so jung auseinandergerissen zu werden und dann noch so plötzlich. Ich weiß nicht, ob man das sagen kann, so sagen kann, denn beim Tod, da versagen unsere Vergleichsmöglichkeiten. Ich erlebe es immer wieder: ob nach vielen Ehejahren oder schon früh, ob nach langer Krankheit oder plötzlich – Tod ist immer schlimm und entsetzlich.
Und wer selbst um einen Menschen trauert, den er liebhatte, der weiß, wieviel Kummer, wieviel Verzweiflung, schaflose Nächte in den fünf Worten verborgen liegen: »und sie weinte um ihn«. Und wer von Ihnen heute an Gräbern schon lange Verstorbener steht, der könnte uns sagen, daß das keine Phrase ist: »Und sie vergaß ihn nie.« Und wer heute kein Grab hat, an dem er stehen kann, sondern nur vergilbte Fotografien betrachten kann, von dem gefallenen Mann, dem vermißten Sohn oder von irgendwo in fernen Ländern begrabenen Verwandten, der kann sich einfühlen, wie schrecklich das ist: Da hat eine junge Frau noch nicht einmal ein Grab, an dem sie weinen, das sie mit ganzer Liebe pflegen kann.
Und so entsetzlich das auch ist, auch diese Frau macht die Erfahrung: die Zeit bleibt nicht stehen, sie vergeht. »Unterdessen wurde die Stadt Lissabon von einem Erdbeben zerstört, und der siebenjährige Krieg ging vorüber, Polen wurde geteilt, und die Kaiserin Maria Theresia starb, Amerika wurde frei und die Französische Revolution fing an. Napoleon eroberte Preußen, und die Ackersleute säten und schnitten, die Müller mahlten und die Bergleute gruben nach den Metalladern in ihrer unterirdischen Werkstatt.« Ob die junge Frau, die nun alt wurde, liebe Gemeinde, etwas von dem wahrnahm, was da alles in der Welt geschah?

Ich weiß aus vielen Gesprächen, daß die, die trauern, all die großen, geschichtlichen Ereignisse nur wie durch einen Nebel sehen, sie sind zu sehr getroffen, um an dem, was so weit außerhalb geschieht, Anteil zu nehmen. Sie trifft und schmerzt vielmehr, daß das Leben rings um sie weitergeht, als sei nichts geschehen: daß die Ackersleute weiter säen und ernten, die Müller mahlen und die Bergleute arbeiten und die Zeit vergeht, anstatt stehen zu bleiben und zu erstarren.
Etwas mehr als 50 Jahre vergingen so. Da finden Bergleute, die einen neuen Stollen graben, den Leichnam eines Jünglings, ganz mit Eisenvitriol durchdrungen, sonst aber unverwest und unverändert, so als wenn er erst vor einer Stunde gestorben sei. Man holt ihn heraus ans Licht, und niemand kennt ihn, weiß von seinem Unglück. Bis die ehemalige Verlobte des Bergmanns kam. »Grau und zusammengeschrumpft kam sie an einer Krücke und erkannte ihren Bräutigam.« Sie wirft sich auf den Leichnam des Geliebten, und dann, nachdem sie sich wieder gefaßt hat, sagt sie: »Es ist mein Verlobter, um den ich 50 Jahre lang getrauert hatte und den Gott mich noch einmal sehen läßt vor meinem Ende.« »Da weinten alle Umstehenden, als sie die ehemalige Braut jetzt in der Gestalt des hingewelkten Alters sahen und den Bräutigam noch in seiner jugendlichen Schöne und wie in ihrer Brust die Flamme der jugendlichen Liebe noch einmal erwachte; aber er öffnete den Mund nimmer zu einem Lächeln oder die Augen zum Wiedererkennen.«
Ich weiß, liebe Gemeinde, daß es oft ein sehnlicher Wunsch aller Trauernden ist, den geliebten Toten noch einmal zu sehen, wiederzusehen. Ich weiß auch, daß mancher von solch einem Wiedersehen träumt: da ist im Traum der Mann oder die Frau, der Sohn oder die Tochter auf einmal wieder da, den Tod hat es nie gegeben, und all die Jahre der Trauer sind wie weggewischt. --- Diese Frau erlebt, wie ein Wiedersehen mit dem Toten in Wirklichkeit aussieht: sie erfährt, wie er der Zeit entkommen war, in der sie leben und altern mußte, ihre Liebe kann nicht erwidert werden. Das Wiedersehen bleibt einseitig, der Tote öffnet seine Augen nicht. --- Manch einer wird jetzt sagen: »So sieht eben ein Wiederkommen der Toten aus, und nicht so, wie der Prophet der Bibel glauben machen will: nicht voll Leben, voll Freude.«
Ich kann den, der so redet, verstehen und muß ihm doch widersprechen. Ja, die Frau in der Geschichte selbst tut es, trotz, ja gerade wegen dieses schmerzlichen Wiedersehens. Denn so lautet das Ende der Geschichte: »Den andern Tag, als das Grab gerüstet war auf dem Kirchhof und die Bergleute ihn holten, schloß sie ein Kästlein auf, legte ihm das schwarze seidene Halstuch mit den roten Streifen um und begleitete ihn in ihrem Sonntagsgewand, als wenn es ihr Hochzeitstag und nicht der Tag seiner Beerdigung wäre. Denn als man ihn ins Grab legte, sagte sie: »Schlafe

nun wohl, noch einen Tag oder zehn im kühlen Hochzeitsbett und laß Dir die Zeit nicht lang werden. Ich habe nur noch wenig zu tun und komme bald und bald wird's wieder Tag. Was die Erde einmal wiederhergegeben hat, wird sie ein zweites Mal auch nicht behalten.«

Was die Erde einmal wiedergegeben hat, wird sie beim zweiten Mal auch nicht behalten – wie kommt die Frau dazu, das zu sagen?

Offensichtlich erwartet die Frau auch nach dem Begräbnis etwas für ihren Bräutigam.

Mit gelassener Gewißheit stellt sie fest, daß das Begräbnis nicht der ganz und gar letzte Akt war, sondern daß der Tote noch eine Zukunft hat: die Erde wird ihn auch ein zweites Mal freigeben, diesmal – so können wir ergänzen – nicht mehr als Toten wie beim unverhofften Wiedersehen, sondern als Lebenden.

Woher nimmt sie diese Gelassenheit, diese Gewißheit am Grab, nachdem sie doch zuvor das schmerzliche Wiedersehen hatte, das ihr die bittere Realität des Todes vor Augen führte? Es ist ja nun ein normales Grab, wie unsere Gräber auch, und es könnte dann ja auch unsere Gelassenheit und Gewißheit sein. – Johann Peter Hebel sagt es nicht, will wohl, daß der Leser oder Hörer sich das selbst beantwortet. ––– Ich glaube, daß diese Frau diese Gewißheit aus derselben Quelle schöpfte wie der, der sagte: »Die Erlösten werden wiederkommen.« Beide Sätze sind nur dann sinnvoll, wenn man darauf vertraut, daß Gott selbst an den Toten handelt. Und so wie für die Frau das unverhoffte Wiedersehen ihres Bräutigams zum bestätigenden Zeichen ihrer Hoffnung wurde, so ist für uns die Auferweckung Jesu die Bestätigung dafür, daß Gott an den Toten handelt und sie eine Zukunft haben. Denn – um den letzten Satz der Frau abzuwandeln – wenn der Tod den einen hat wiedergeben müssen, so wird er auch alle andern nicht behalten können.

Die Worte dieser Frau wie die Worte des Propheten machen deutlich, daß dies Wiedergeben, dies Wiederkommen allein von Gott bewirkt werden kann, genauer müßte ich sagen: von dem Gott, der kommt, auf uns zukommt.

Denn dies Wiederkommen der Toten ist nicht möglich in einer Welt, in der sonst alles beim alten bleibt. Dann sieht es so aus wie das erste Wiederkommen des Bräutigams, dann gilt: Tot ist tot und bleibt tot. – Aber der kommende Gott will diese Welt verändern und das Wiederkommen, will sagen: die Auferweckung der Toten ist nur ein Teil dieser Veränderung. Einer Veränderung, die mit der Auferweckung Jesu eben schon angefangen hat, auch wenn wir noch begraben und sterben müssen.

Den Zeitpunkt, an dem dieser Anfang von Gott vollendet wird, hat man den »Jüngsten Tag« genannt. Und das Neue Testament bezeugt, daß die

Dämmerung dieses Tages schon angebrochen ist, des Tages, der für den Propheten noch ganz im Dunkel der Zukunft lag.
Wir erfahren schmerzhaft, daß bis zu dieser großen Verwandlung, dem Wiederkommen der Toten und der Herrschaft Gottes, Schmerz und Leid bei uns sind.
Aber die Hoffnung darauf, daß sie einmal fliehen werden, die kann uns die getroste Gelassenheit dieser Frau geben. Wie sagte sie noch? »Bald wird es wieder Tag. Was die Erde einmal wiedergegeben hat, wird sie ein zweites Mal auch nicht behalten.«
Ja, so wird es sein – oder in der Sprache des biblischen Propheten gesagt: Amen!

Erinnern, Hoffen, Bereit sein

Matthäus 25,1–13
Günter Berndt

Liebe Gemeinde, der Totensonntag, den wir auch mit gutem Grund Ewigkeitssonntag nennen, ist für viele ein schwieriger und auch ein schwerer Tag. Ein Gottesdienst an einem solchen Tag hat viel Ähnlichkeit und mancherlei Berührungspunkte mit den vielen Trauerfeiern Woche für Woche. Solche Trauerfeiern sind ja auch Gottesdienste. Da wie hier wollen wir die Trauer ernst nehmen. Trauer muß auch immer wieder gelernt werden. Zugleich wollen wir inmitten von Trauer und angesichts des Todes und des Sterbens trauernde und verzagte Menschen frohmachen. Da sollen wir also den unerbittlichen Tod und das oft nicht erwartete Sterben in seiner ganzen Tragweite bedenken, und zugleich sollen wir ins Leben rufen und ins Leben gerufen werden. Da müssen wir bittere und verbitterte Fragen hören und sollen dabei, ohne immer eine Antwort zu wissen, den Zweifelnden und den Verzagenden Zukunft eröffnen.
Ich denke, irgendwie ist das auch heute so in diesem Gottesdienst am Totensonntag, der Ewigkeitssonntag ist. Wir rufen Tod und Sterben geliebter Menschen zurück in unser Gedächtnis. Wir dürfen nicht Mord und Totschlag vergessen, millionenfach verübt auf unserer geliebten Erde. Wir sollen nicht die unangenehmen, vielleicht auch ärgerlichen Todesspuren verwischen. Zum heutigen Tag gehört, daß wir trauern, daß uns Trauern erlaubt und ermöglicht wird und daß wir es lernen.

Ebenso gilt, daß gerade dieser Sonntag ein Tag der Hoffnung ist. Es soll dann auch ein Tag der Freude sein, ein Tag der alten, geradezu uralten Erwartungen und der neuen Impulse des Lebens. Also ein Tag der alten Geschichten und des neuen Erlebens. Das Erinnern und Trauern gehört zu diesem Tag. Leicht und einfach ist das nicht, selbstverständlich und willkommen auch nicht.
Im Oktober war ich in Warschau anläßlich des Jubiläums der Ostdenkschrift der Evangelischen Kirche in Deutschland. Vor zwanzig Jahren war es; die Kirche hatte aufgerufen, alles zu tun, damit die vielen Flüchtlinge aus dem Osten des deutschen Vaterlandes nach 20 Jahren nicht allein die Lasten tragen sollen. Die Sorge galt nicht nur den Flüchtlingen, sondern auch den Nachbarn, mit denen es noch immer kein normalisiertes, geschweige denn freundschaftliches Verhältnis gab. Vorrangig wurde seinerzeit genannt die Aussöhnung mit Polen. Ja, und in Warschau kamen dann die alten Geschichten hoch. Todesspuren, die tiefe Furchen hinterließen, in den Gesichtern von Menschen, Furchen auf der Mutter Erde und Furchen zwischen den Menschen. Als in den letzten Tagen unsere polnischen Freunde aus den evangelischen Kirchen in Schlesien, aus Žielona Góra/Grünberg und Wroctaw/Breslau unter uns weilten, da war es ähnlich. Alte Geschichten wurden wach. Auch viele Todesspuren. Wir so oft in diesem Jahre 1985, das uns an grausame, an schreckliche Todesspuren erinnert. So erlebten wir es auch als Gemeindegruppe in Leningrad, wie es in unserem Text festgehalten und wiedergegeben ist. Bei solchen Worten und Erinnerungen werden auch viele von uns an das eigene, sehr große Leid denken. Das Zittern und Bangen, die Angst und Furcht in den Kellern werden bewußt. Für andere treten diese großen Schrecken unserer Vergangenheit zurück angesichts des ganz persönlichen Leides durch Tod und Trennung in diesem Jahr. Erinnern – Erschrecken – Trauern! Das gehört zu diesem Tag.
Totensonntag – ich nenne den Tag noch einmal so – ist ein Erinnerungstag. Erinnerung im ganz persönlichen, geradezu intimen Bereich, wo der Tod eingebrochen ist, aber auch über persönliches Leben hinaus. Es gibt Daten im Leben des einzelnen Menschen, auch im Leben der Völker und der Völkerwelt und ebenso im Leben dieser Gemeinde, bei denen wir uns intensiver erinnern. So gibt es auch besondere Daten, Tage und Momente der Trauer. Selbst dann, wenn die Trauer längst vorbei ist. Ich denke nicht so oft an meine Mutter und meinen Vater. Doch gibt es Momente, da wird neu spürbar: Sie sind nicht mehr da. Ihr Tod und ihre Abwesenheit wird neu und wieder schmerzlich erfahren. Ich meine, es zeugt weder von Armut noch von Schwachheit, wenn es solche Tage der Trauer gibt. Bei der Trauer empfinden wir den Verlust des geliebten Menschen. Trauer nimmt den Verlust der Heimat wahr. Trauer erwächst

aus dem Erschrecken über das Ausmaß der Qual und Schmerzen, die Menschen anderen Menschen und ganzen Völkern zufügen. Trauer entsteht auch aus dem Erschrecken über das Ausmaß an Zerstörungspotential auf unserem Erdball. Die Trauer schließt ein die hundert- und tausendfältigen Todesspuren, die unsere Welt zerfurchen. Geschundene Menschen, geschundene Tiere, geschundene Natur.
Das ist das eine, das erste, was ich an diesem Totensonntag bedenken möchte: Erinnerung und Trauern:
Wer um einen Menschen weint und trauert, der hat den Menschen geliebt. Er war wichtig für ihn.
Wer um die bedrohte Schöpfung, ob Wald, ob Tier, ob Luft und Wasser weint und trauert, der hat die Schöpfung lieb. Sie ist ihm wichtig.
Ja, jetzt höre ich schon die ungeduldigen Stimmen, die mir zurufen möchten: »Hört auf zu trauern! Laßt das jammervolle Erinnern! Tut was! Schlaft nicht! Weint nicht! Schimpft nicht! Verzagt nicht!» Ja, solche Worte könnten alle zu mir passen. Doch da ist der Predigttext für diesen Sonntag. Ich lese den Text jetzt. Ich denke, er gilt für die Situationen, die ich versucht habe zu beschreiben ... (Predigttext)
Mancher von Ihnen mag zunächst verwundert sein über diesen Text. Warum nun dieser Text? Ich will sagen, warum ich diese Worte für heute so wichtig finde, geradezu heilsam. Das Wort verspricht Heil, Heilung und nicht Kaputtsein, Leben und nicht Tod. Hier wird uns Heil und Zukunft angesagt und versprochen. Zugleich wird gewarnt, denn wir können Gottes Zukunft verpassen. Heilung und nicht Kaputtsein, Leben und nicht Tod! Das ist Freude für Trauernde, Hoffnung für Resignierende, Erwartung für Ratlose.

1. Das Lebenszeichen Gottes ist sein kommendes Reich

Liebe Gemeinde, mit dem Bild von der Hochzeit ist verbunden Freude. Dazu gehört Liebe, Sich finden und Zusammenkommen. Die Anwesenheit Gottes durch Jesus soll vollkommen und sichtbar sein. Es ist ein Bild von der Zukunft der Welt. An diesem Lebenszeichen, das uns in die zu erwartende Zukunft weist, wird uns neu eingeschärft, daß unser Leben, das Leben der Menschheit und der Erde auf ein Ziel gerichtet ist. Das Leben ist mehr und anderes als ein Kreislauf von Werden und Vergehen. Es ist mehr als die Abfolge von Frühling, Sommer, Herbst und Winter. An die Abfolge haben wir uns ja gewöhnt. »Das ist so der Lauf der Welt«, sagen wir dann. »Auf Generation folgt Generation!« »So war es immer schon.« Solches Denken im Kreislauf der Natur kennt keine Geschichte, auch kaum eine Veränderung. Es bleibt alles beim alten. Der Tod hat das letzte Wort. Das ist allzu natürlich. Ergebnis ist Fatalismus und Resignation, vielleicht auch Verharmlosung des Todes.

Unser Gleichnis aber weist über den Tod hinaus, über den täglichen Tod, über das Nein zum Leben, das Chaos, über Zerstörung und Haß als Begleitung des Todes hinaus ins Leben. Unsere Welt, die Welt Gottes, auch unser eigenes, ganz persönliches Leben ist hineingenommen in die Geschichte Gottes, die sein Reich zum Ziele hat. Viele Bilder gibt es für dieses Reich. Immer sind es auch Lebenszeichen der Freude, der Liebe, des Glücks: Lahme gehen, Taube hören, Blinde sehen. Das ist das Reich des Friedens und des Lebens, nicht des Hasses und des Todes.
So kommt auf diesen Totensonntag, auf diesen Trauertag ein neuer Glanz. In der Trauer finden wir uns nicht ab, sondern sollen Hoffnung erleben. Ich finde es sehr tröstlich und auch sehr wichtig, daß in dieser Zeit des Kirchenjahres, wo für uns Menschen vieles so besonders trostlos, dunkel und düster erscheint, daß in dieser Zeit die biblischen Texte von der herrlichen Zukunft des Reiches Gottes künden, von einer Welt, die heil wird, weil der Heiland da ist, von einer Welt, die friedlich wird, weil der Friedensfürst da ist. Vom Lebenszeichen ist die Rede, von dem, was kommen soll, und von dem, der kommen soll.

2. Das Lebenszeichen Gottes übersteigt unsere Wirklichkeit und Erfahrung

Liebe Gemeinde, ich stelle zunächst einen ärgerlichen Widerspruch fest. Es ist der Widerspruch zwischen meiner Erfahrung und dem Glauben, der mir zugemutet wird. Das Versprechen fasziniert mich: Ich könnte Bilder malen von dieser schönen Welt, und sie wäre bunter und vielfältiger als unsere eintönige graue Alltagswelt. Dennoch erscheint das alles wie ein Traum, als müßte ich hinterher wieder wachgerüttelt werden. Aber das ist ja gar nicht nötig. Ich sehe mit meinen Augen und höre mit meinen Ohren, da nehme ich andauernd Todesspuren wahr. Todesspuren noch und noch. Unsere Zeitungen sind voll davon. Bücher lese ich auch darüber. Da schreiben Wissenschaftler über unsere Zukunft. Das Ende scheint bald gekommen. Das ist ein anderes Ende. Keine Hochzeit, kein Himmelreich, kein Friedensreich. Es hat alles viel mehr Ähnlichkeit mit der Hölle, mit dem Chaos, mit Vernichtung und Tod. Das, liebe Gemeinde, ist die Realität. Und nicht selten denke ich, viele Menschen in unserem Lande müßten erst einmal von dieser aufrüttelnden Realität wachgerüttelt werden, nicht weil die Heilszeit anbricht, sondern weil das Unheil fortschreitet. Ich hätte die Geschichte anders geschrieben: »Wacht auf, denn eure Träume sind schlecht!« »Wacht auf, das Ende naht mit Schrecken!« Ich halte solche Warnungen und Mahnungen für angebracht und nicht verfehlt. Es gibt viele, die gründlich pennen. Keine Trauer! Tod und Sterben werden verdrängt wie unsere Vergangenheit. Ja, es gibt viel Gleichgültigkeit.

Aber ich gehe davon aus, daß wir hier alle von Trauer wissen und betroffen sind. Verzagt, weil wir uns nicht mit dem Tod abfinden wollen, weil wir von großen Erwartungen und Hoffnungen im Leben gehört haben. Die Realitäten sind wichtig. Darum reden wir von Todesspuren. Leiten und bestimmen soll uns jedoch das Versprechen Gottes, das über unsere Erkenntnis und unser Verstehen geht.
Tut was! Gewiß! Tut was! Ehe es zu spät ist! – Doch laßt uns verweilen. Und laßt uns neu vernehmen, wohin Gottes Reise mit uns geht.

3. Als Mitarbeiter für Gottes Reich werden wir zum Lebenszeichen

Liebe Gemeinde, wir können selbst Gottes Lebenszeichen sein. Wir können Hoffnungszeichen für die Menschheit werden. Zeichen sein, das heißt: Wir sind noch auf dem Wege. Ein Zeichen weist nicht auf sich selbst. Also, an uns sollten andere ablesen, wohin die Reise des Lebens geht.
An unserem Gleichnis lerne ich: Dazu gehört Warten. Dazu gehört Geduld, einen langen Atem haben mit dieser Todes- und Sterbenswelt. Doch gehört dazu auch Ungeduld mit dieser Todes- und Sterbenswelt.
Die fünf Törichten, die Dummen hatten sich auf eine rasche Lösung eingelassen. Jesus kommt gleich wieder. Nun ist nichts damit geworden. Sie sitzen im Dunkeln. Ihnen geht die Puste und das Licht aus.
Nun sieht das heute sicher sehr anders aus. Die Törichten sind ja wohl nicht die Leute, die mit der baldigen Wiederkunft Jesu rechnen. Ich bin nicht so sicher, wer heute die Törichten sind. Ich denke, es sind die vielen, die sich abgefunden haben: Keine Erwartung. Keine Hoffnung, nicht einmal eine enttäuschte. Kein Vertrauen auf die Zukunft, vielleicht nicht einmal Angst. Vielleicht sind auch wir die törichten Leute. Wenn wir unser Friedensengagement mit dem Reich Gottes verrechnen, dann geht uns auch schnell die Puste aus, da wird es so schnell dunkel im Schatten der Riesen-Raketen. Dann ist unser Zutrauen so schnell am Ende angesichts der immer neuen Todesspuren in unserem Leben.
Doch soll gelten: Mit unserem Leben können wir Lebenszeichen von Gottes kommendem Reich sein. Wir können die Welt erhellen. Wir können anderen Mut machen in der Trauer. Wir können aus der Trauer lernen, unsere Hoffnungen und Erwartungen über das zu setzen, was wir sehen und selbst erreichen. Wir können im Sinne der Bergpredigt Licht der Welt sein.
Damit komme ich zum Ende des Gleichnisses. Da empfinde und denke ich anders: Wenn nämlich das Öl der Glaube sein soll, wenn Öl die Hoffnung und die Liebe bedeutet, also all das, was zum Reiche Gottes, zum Wohl der Menschen und der Erde taugt, dann gilt eben auch, daß wir das alles nicht auf Vorrat haben, wiewohl wir uns auf Zeit einrichten.

Keiner von uns hat das auf Vorrat. Es gehört die Bereitschaft dazu, sich beschenken zu lassen.
Vielleicht ist das das Geheimnis des Lebens gegenüber dem Tod: sich beschenken lassen und andere beschenken. Dazu gehört die Bereitschaft für die Begegnung mit Gott und mit Menschen. Wir brauchen Gott und den anderen, von selbst kommen wir nicht zum Leuchten. Eine Kerze kann sich nicht selbst anzünden und Trost können wir uns nicht selbst zusprechen. Aber im Empfangen und Weitergeben des Lebenszeichens wird es hell werden, bei uns und bei anderen.

Der Tod als Prediger

Matthäus 25,1–13
Heinz-Dieter Knigge

Zweiundvierzig Namen habe ich vorhin verlesen; zweiundvierzig Namen von Menschen, die vor Jahresfrist noch unter uns lebten. Aber nun muß zum Friedhof gehen, wer sie besuchen will.
Ein dreiundvierzigster Name fällt mir ein: Christian. Er war einer von unseren Konfirmanden. Er wurde in Rosdorf beerdigt. Seine Eltern gehören zu einer anderen Gemeinde. Darum habe ich seinen Namen vorhin nicht mit vorgelesen. –
Das war schwer zu ertragen – dieses langsame und schwere Sterben eines Kindes. Einmal, als ein Mädchen ihn besuchte, das noch jünger war als er – die Erwachsenen hatten die Kinder allein gelassen, damit sie ungestört unter sich reden konnten, aber Christian wußte, sie waren in ihrer Ratlosigkeit beieinander in einem anderen Zimmer – sagte er: »Die finden das Ende vom Ende nicht.«
»Die finden das Ende vom Ende nicht.«
Ein Rätselwort? Ich habe es schon öfter erfahren: Sterbende können manchmal aus einer Weisheit und Einsicht heraus reden, die uns Lebenden noch verschlossen ist. Das Ende vom Ende finden. Was mag Christian gemeint haben?
Das ist wohl schon sehr viel: das Ende zu finden. Ich denke an einige von unseren Toten, von denen ich weiß: sie hatten es gefunden. Sie wollten sterben. Sie konnten sich und das Leben loslassen. Nicht, weil sie das Leben satt hatten – das Leben hatte sie satt gemacht, so wie es in der

Bibel steht: »Und er starb alt und lebenssatt.« Aber da waren andere, die noch am Leben hingen, die gerne noch weiter gelebt hätten, die noch nicht so weit waren, daß sie loslassen konnten. Und sie mußten trotzdem sterben. Ich denke an ein altes Mosaik, das sich in einem Museum in Rom befindet. Eine liegende Gestalt, aus kleinen schwarzen Steinchen geformt, ein Toter, fast schon ein Skelett. Aber der Zeigefinger der rechten Hand weist überdeutlich auf zwei griechische Wörter, die ins Deutsche übersetzt heißen: Erkenne Dich selbst! Erschrocken frage ich mich: Da soll ich mich erkennen? Da lernen, wer ich bin – in einem Totenskelett, in dem, was ich sein werde; wenn ich dort liege, wo unsere Toten ruhen? Ich möchte nicht, daß der Tod mein Prediger ist. Ich weiß schon, daß ich ihn nicht überhören kann: Alles wird einmal zu Ende sein. Aber ich suche nach einem anderen Prediger, der ein Wort der Hoffnung für mich hat, nach einem anderen Bild als einem Totengerippe, in dem ich nur meiner Trauer begegne und meiner Angst. Ich erinnere mich an Christians Satz: »Sie finden das Ende vom Ende nicht.« Das Ende vom Ende – das wäre wohl ein neuer Anfang. Ich höre auf das Gleichnis, das uns Matthäus im 25. Kapitel seines Evangeliums überliefert hat (Vers 1–13).

Ein einladendes, ein freundliches Bild: Hochzeit, Fest, Bräutigam, brennende Lichter: Hinweise auf Gottes Nähe, auf seine Herrschaft, auf sein Reich. Sie machen mir Hoffnung. Auf den Gott, der alle Tränen abwischen wird, der Trauer in Freude verwandeln kann und Tod in Leben. Auf den, der das Ende vom Ende ist, weil er der Anfang vom Anfang war.

Aber da stoße ich inmitten all dieser einladenden Bilder auf jenes andere Bild von der verschlossenen Tür. Die Mädchen tun mir leid, die zuwenig Öl hatten und die nun draußen bleiben müssen. Das genügt also nicht: ein Aufflackern des Glaubens, dann und wann. Das genügt offenbar nicht: ein Achselzucken, wenn ich höre, daß jeden Tag 40 000 Kinder sterben auf unserer Erde, weil sie nicht genug zu essen haben: 40 000 vermeidbare Tode – täglich. Und mit dem Geld, das weltweit in nur 10 Tagen für die Rüstung ausgegeben wird, könnte das Welthungerproblem für ein Jahr gelöst werden. Auch das gehört wohl zum Totensonntag, daß wir an die Menschen denken, die fern von uns in den Ländern der 3. Welt sterben mußten, weil uns Atombomben und Raketen, weil mir mein Besitz, mein Wohlstand und seine vermeintliche Sicherung wichtiger war als ihr Leben. Das sagt unser Gleichnis und das darf ich nicht verschweigen: Es gibt die verschlossene Tür. Es gibt ein Zuspät. Und wer lieber nachprüfbaren Fakten glaubt als der Bibel, der könnte an unsere sterbenden Wälder denken und an die Vergiftung von Luft, Flüssen, Seen und Meeren. Es gibt ein Zuspät, eine verschlossene Tür, einen Zeitpunkt, an dem fahrlässig Versäumtes nicht mehr

rückgängig gemacht werden kann; an dem Umkehr nicht mehr möglich ist.
Doch unser Gleichnis möchte den Wunsch in uns wecken, zu den klugen Mädchen zu gehören, die genug Öl dabeihatten. Die Klugheit, die das Gleichnis meint, ist sicher keine Sache des Intelligenzquotienten oder der Zeugnisse, die einer vorweisen kann. Die Klugheit, von der das Gleichnis spricht, hat etwas mit den offenen Augen zu tun, die sehen, worauf es jetzt ankommt, die einschätzen können, was jetzt nötig ist. Was ist nötig? Genug Öl bereit zu haben – und zu warten.
Das war sicher schwer für die ersten Christen, schwer für die Urgemeinde – dieser Erfahrung standzuhalten und sie zu ertragen: Nicht von heute auf morgen kommt Gottes Reich und verwandelt unsere Welt. Nicht von heute auf morgen kommt der auferstandene Christus zurück auf die Erde. Nicht von heute auf morgen wird der Tod überwunden, wischt Gott die Tränen der Trauer ab, werden wir Gott von Angesicht zu Angesicht schauen. Nicht leicht war es für die Christen damals zu warten, ihren Glauben zu behalten, und die erhoffte große Wende blieb aus. Die Zeit verstrich. Der Tod bewies weiter seine Macht ...
Nicht leicht ist es für uns – dieses Warten auf Gott und auf seine Herrschaft, auf sein Reich. Wieviel Bitten und Gebete um Gesundheit und Heilung sind scheinbar unerhört und unerfüllt geblieben – wie in den Wind geredet: der Mensch, den Sie so gerne noch in Ihrer Nähe behalten hätten, ist dennoch gestorben. Wie ohnmächtig sind wir in unseren Versuchen, gegen die Todesmächte anzukämpfen, gegen den Hunger, gegen Umweltvernichtung, gegen den Wahnsinn einer immer gigantischer und gefährlicher werdenden Rüstung. Wie ohnmächtig sind wir in unseren Versuchen, für einen Frieden zu werben, der niemanden mit der totalen Vernichtung bedroht. Wie oft scheitern wir an uns selber, an unseren verschlossenen Herzen und Händen, an unseren Ängsten – und ich könnte doch Vertrauen haben, weil es noch nicht zu spät ist, weil die Tür noch nicht verschlossen ist, weil wir noch leben. Da kommt es wohl darauf an, daß einer, um im Bild unseres Gleichnisses zu reden, genügend Öl bei sich hat, damit das Licht der Hoffnung in uns und bei uns nicht verlischt. Sonst sind wir doch wieder bei der Predigt jenes alten Mosaiks und müssen uns im Skelett des Todes erkennen. Da kommt es wohl auf den langen Atem des Glaubens an, der auf das Kreuz Jesu sieht und in diesem Todeszeichen der Menschen das Lebenszeichen Gottes erkennt. Da kommt es doch wohl darauf an, daß wir auf jene anderen Bilder sehen – auf die vom Fest, der Hochzeit und Freude: Das, von dem da die Rede ist, hat längst begonnen. Jesus hat uns ja mithingenommen in jene Gemeinschaft mit Gott, die kein Tod mehr zerstören kann. Das gibt uns Geborgenheit und Trost, Frieden und Zuversicht. Wir können die

Menschen loslassen, die wir gerne noch behalten hätten. Wir geben sie ja nicht ins Nichts, sondern in Gottes Hand. – Wir suchen das Ende vom Ende. Aber wir können schon von dem neuen Anfang her leben und uns in ihm erkennen, den Gott für uns gesetzt hat. Der Tod muß nicht unser Prediger sein. Gott ist es, der uns verheißt und verspricht: Nicht zum Tode sind wir bestimmt, sondern zum Leben. In dieser Bestimmung können wir dem von Menschen gemachten, dem vorzeitigen und vermeidbaren Tod widerstehen. In dieser Bestimmung können wir den unvermeidbaren Tod ertragen, weil der Gott, an den wir glauben, ein Gott des Lebens ist, der uns schenkt, was wir so oft vergeblich suchen: das Ende des Endes.

Er hat alles in seinem Gedächtnis

Matthäus 25,31–46
Wolfram Braselmann

Es war an einem Nachmittag im November. Die Sonne ging unter, im Garten sahen sie, wie die letzten Blätter von den Bäumen fielen. In der Nacht würde es wohl frieren.

Die Großmutter saß mit ihrem Enkel in der Stube. Er hatte mal vorbeischauen wollen, auf einen Augenblick, und dann wieder fahren. Alle paar Wochen machte er das so, seit er ausgezogen war zu Hause. Er wußte ja, wie die Großmutter sich freute, wenn er ab und zu mal bei ihr hereinsah. Und jetzt war er doch länger geblieben, als er vorgehabt hatte.

Wie alt sie geworden ist, dachte er sich. Im Januar wird sie 85 Jahre. Und im Sommer hat sie noch im Garten gearbeitet und macht jetzt schon wieder Pläne. Ob ich je so alt werde?

Die Großmutter unterbrach ihn in seinen Gedanken. »Sonntag ist Volkstrauertag«, sagte sie. Und sie blickte hinüber auf das Photo neben dem Schrank, das Photo mit dem schwarzen Band darauf, ein Mann in Uniform war auf dem alten, verblichenen Photo zu sehen. »Ach, Oma, denk doch nicht immer daran«, sagte der Enkel, »fang doch nicht wieder mit dem Krieg an. Ja, ich weiß, das ist Opa, den ich nie gekannt habe. Ich weiß, er ist in Frankreich geblieben. Und Sonntag ist Volkstrauertag, dann stehen sie am Denkmal, auf dem auch sein Name steht.

Weißt du noch, wie ich als kleiner Junge den Namen auf dem Denkmal gesucht habe?
Gehst du Sonntag wieder zur Kirche? Laß es doch, das macht dich immer so traurig! Vergiß es doch, man muß doch nicht immer daran denken. Das ist doch alles schon so lange her!«
Doch die Großmutter wiederholte noch einmal leise: »Sonntag ist Volkstrauertag. Und in der Kirche, da lesen sie immer die Geschichte, diese Geschichte vom Jüngsten Gericht, wie Jesus die Menschen richtet und trennt, wie Schafe und Böcke, links und rechts. Und die einen nimmt er auf, und die andern schickt er heraus.«
»Ja, ja«, sagte der Enkel, und er wollte sich schon verabschieden, er wußte aber nicht recht, wie und was er sagen sollte, und so blieb er eben doch noch, und sagte nur: »Ich möchte wohl wissen, was das soll, was denken die sich in der Kirche, wenn sie diese Geschichte lesen vom Gericht. Und dann sitzt ihr da und habt eure Gedanken an den Krieg und was ihr verloren habt. Was hat das bloß miteinander zu tun?
Kann euch das trösten, diese Geschichte vom Jüngsten Gericht, in der die Menschen eingeteilt werden in Gute und Böse, wie Schafe und Böcke? Was hilft euch das?«
Und die Großmutter nahm die Brille und nahm ihre alte Bibel aus dem Regal. »Sieh mal«, so sagte sie, »die haben wir damals zur Trauung bekommen, das ist schon mehr als fünfzig Jahre her. Du sollst sie später bekommen. Ich hab die Geschichte vom Gericht gesucht gestern nachmittag, als ich an den Volkstrauertag dachte. Und in der Geschichte, da steht ja nicht nur das vom Gericht. Da steht auch, was die getan haben, was die getan haben, die aufgenommen werden von Jesus. Vor Jahren haben wir das mal in der Bibelstunde besprochen.
Hör mal, was Jesus da sagt, denen, die er aufnimmt.« Und die alte Frau setzte die Brille auf und las: »Ich bin hungrig gewesen, und ihr habt mich gespeist. Ich bin durstig gewesen, und ihr habt mich getränkt. Ich bin ein Fremdling gewesen, und ihr habt mich beherbergt. Ich bin nackt gewesen, und ihr habt mich bekleidet. Ich bin krank gewesen, und ihr habt mich besucht. Ich bin gefangen gewesen und ihr seid zu mir gekommen.
Weißt du«, so sagte sie, als sie die Brille wieder auf den Tisch legte, »das haben wir ja erlebt, im Krieg. Ich weiß, ihr wollt die Geschichten vom Krieg nicht hören, aber es war doch so, damals und in der Zeit danach. Wie mir Opa in seinem letzten Brief aus der Gefangenschaft geschrieben hat, vom Hunger und vom Durst. Und die Frau aus Schlesien, die mit ihrem Kind die ersten Jahre danach bei uns gewohnt hat: Das ist ja wie im Himmel, ein Dach über dem Kopf zu haben, so hat sie am ersten Abend gesagt, als sie bei uns war. Und die Leute aus der Stadt, die sich über jede Kartoffel gefreut haben, die sie bekommen haben. Ja, das macht der

Krieg: Hungrige und Durstige, Fremde und Kranke macht er aus den Menschen, du kannst dir das gar nicht vorstellen! Wenn so etwas bloß nicht noch einmal wieder kommt!«
»Dann seid ihr so Menschen gewesen«, sagte der Enkel, »so Menschen, von denen Jesus erzählt. Hungrige und Durstige und Fremde.« »Ja«, sagte die alte Frau, »und auch solche wie die anderen, wie die, die geholfen haben. Man vergißt das ja so schnell. Diese Flüchtlingsfrau, nach Jahren war sie noch mal wieder hier. Und da sagte sie noch einmal: Ihr habt uns damals gerettet, ich weiß nicht, was aus uns ohne euch geworden wäre. Es war wie eine Hilfe Gottes, als wir da mit unserem Rucksack kamen, und ihr habt uns aufgenommen. Und ich hatte es wirklich fast schon vergessen, wie das damals war.
Damals in der Bibelstunde sagte der Pastor: Gott begegnet uns in den Schwachen und den Hungrigen und den Armen. Nun, so muß man vielleicht in der Kirche reden. Aber es ist ja auch so, wir haben es ja so erlebt. Das will ich dir sagen: Oft hat mir einer geholfen, wenn ich schwach war oder krank, in den Jahren nach dem Krieg, als ich allein stand. Sonst hätte ich das nie geschafft. Und manchmal habe ich ja auch andern helfen können.
Und deshalb will ich am Sonntag in die Kirche und die Geschichte vom Jüngsten Gericht hören. Weil sie mich daran erinnert, wie Menschen mir an Gottes Stelle geholfen haben und wie ich Menschen an Gottes Stelle geholfen habe. Ich möchte mich daran erinnern lassen, auch an diese schwere Zeit, die mir so viel genommen hat. Viele von uns sind ja nie darüber hinweg gekommen. Über das, was der Krieg ihnen genommen hat.« »Ja«, sagte der Enkel, »aber was soll das denn mit dem Gericht? Warum werden die Menschen denn aufgeteilt in Gute und Böse, warum werden welche verurteilt? Hat der Pastor darüber nichts gesagt, damals in der Bibelstunde?«
»Ich weiß es nicht mehr«, sagte die alte Frau. »Aber ich denke mir: All das Leiden, all das Schwere, das der Krieg über uns gebracht hat, das kann doch nicht einfach vergessen sein. So, wie ihr Jungen uns das immer einreden wollt: Daß wir einfach alles vergessen sollen. All die, die wir verloren haben: Wir wollen sie doch nicht vergessen. Und dazu ist dieser Volkstrauertag gut: Daß ich mich wieder an meinen Mann erinnere, der nicht mehr wiedergekommen ist.
Und ich denke mir, sie lesen diese Geschichte vom Jüngsten Gericht an dem Sonntag in der Kirche: Daß wir auch wissen: Einer ist da, der hat alles, was da war in dieser Zeit, und in aller Zeit, in seinem Gedächtnis. Einer, der sich an Gutes und Böses erinnert. Und dann sind unsere Leiden und all das Leid, das war, unvergessen. Jesus erinnert sich an sie. Und eigentlich erzählt die Geschichte noch mehr. Eigentlich erzählt sie

ja: Jesus sagt: Ich war die Flüchtlingsfrau, die du aufgenommen hast. Ich war der Ausgebombte, dem du eine Handvoll Kartoffeln gegeben hast. Ich war der Soldat, der todkrank im Gefangenenlager lag, und einer hat neben ihm gelegen und seine Hand gehalten.
Ich war schon immer da, und mir werdet ihr an dem Tag begegnen, an dem ihr alle an das Ziel eures Lebens kommt, und dann werdet ihr mich wiedererkennen; denn ich werde mich euch zu erkennen geben.«
»Und die andern, die Verfluchten«, fragt der Enkel noch einmal. »Ach, die andern, die waren wir doch auch«, sagte die alte Frau. »Meinst du, wir wären immer freundlich gewesen damals? In solchen Zeiten kann keiner nur freundlich sein. Ja, auch das Böse, das wir getan haben und das uns angetan wurde, ist nicht vergessen, das ist auch wahr. Aber sieh dir doch den letzten Satz an, der in der Geschichte steht.« Und sie nahm noch einmal ihre Brille, machte das Licht an und las: »Aber die Gerechten ins ewige Leben. Weißt du«, sagte sie, »das ist mein Glaube. Daß Jesus zuletzt sagen wird: Ihr seid gerecht. Und ich gebe Euch mein Leben. Und daß es dann damit gut ist.«
Es war dunkel geworden in der Stube, und der Enkel war viel länger geblieben, als er sich vorgenommen hatte. »Ich muß jetzt gehen«, sagte er, »es ist spät.« Und als er ihr die Hand gab, sagte er ihr: »Oma, Sonntag bringe ich dich mit dem Wagen zur Kirche. Und nachher hole ich dich wieder ab.«

Heraus aus dem Totenreich!

Lukas 6,21 u. 9,60
René Leudesdorff

Wenn Jesus jetzt lebendig-sichtbar unter uns wäre, was sagte, was täte er an diesem Tage? Gewiß nähme er jede und jeden Trauernden ganz ernst, nähme sie oder ihn, sofern der Verlust eines lieben Menschen immer noch schmerzt, tröstend in den Arm, ganz so, wie es das schöne alte Prophetenwort von Gott sagt: »Ich will dich trösten, wie einen seine Mutter tröstet.« Gott ist mütterlich-warmherzig zu jedem, der seine Nähe, seinen Zuspruch braucht.
Doch das Besondere an den Tröstungen Jesu war – und kann es heute noch sein: daß er nicht bei der begütigenden Geste bleibt. Jesus führt

den Trauernden immer über seine Trauer-Situation hinaus, oft auf überraschende Weise: Er sagt einer Witwe, deren einziger Sohn zu Grabe getragen wird: »Weine nicht!« – und gibt ihr den Jüngling lebend zurück. Er sagt einem Synagogenvorsteher, der soeben die Nachricht vom Tod der kleinen Tochter erhält: »Fürchte dich nicht, glaube nur!« – und ruft das in seinen Augen nur schlafende Kind wieder ins Leben zurück. Er sagt seiner Freundin Marta, die um ihren toten Bruder Lazarus trauert: »Ich bin die Auferstehung!« – und holt seinen Freund ins Dasein zurück.

Mit seinen Worten und solchen beispielhaften Handlungen zeigt Jesus stets eine Richtung an, öffnet er den Blick der hart Getroffenen nach vorn, in die Zukunft. Er ist überzeugt, daß ein Merkmal des mit ihm kommenden Reiches Gottes das Lachen ist und daß die Tränen, die darin geweint werden, Tränen der Freude sind. »Selig, die ihr jetzt weint; denn ihr werdet lachen«, heißt eine seiner Seligpreisungen aus der Feldrede. Wer jetzt nichts zu lachen hat, den nimmt er bei der Hand, den führt er wie ein guter Hirte zur grünen Aue und zum frischen Wasser, dem wäscht er das Gesicht und trocknet die Tränen: Du sollst dich mit deinem Kummer nicht umsonst an mich gewandt haben. Ich nehme deine Last auf meine Schulter. Ich zeige dir einen Schritt nach vorn, der so oder so ins Leben führt. Ich weise dir einen Weg aus dem finstern Tal. Ich gebe dir ein neues Ziel, auf das hin es zu leben lohnt.

Jesus hat keinem seinen Trost aufgedrängt. Er hat, wie die Toten-Erweckungen zeigen, den Grund für die Klage beseitigt, wo er es konnte. Er wollte damit zugleich – zeichenhaft – Hindernisse wegräumen, innere Blockaden aufbrechen, die uns den eigenen Hoffnungsweg versperren. Der Blick auf einen geliebten Toten kann wie auf eine schwarze Wand fallen; vermauert für immer erscheint die Zukunft; abgeblendet auf ewig erscheint das Licht Gottes, das auch noch jenseits unserer Tage und Nächte aufleuchtet. Wie leicht verführt eine solche Situation, den Blick nur noch in die Vergangenheit zu richten, mehr noch: sich an der eigenen Trauer festzuhalten!

Es gibt ja auch Motive der Trauer, die nicht nur aus der schmerzhaften Trennung von einem lieben Menschen herrühren: etwa das Bewußtsein all dessen, was ungesagt und ungelebt geblieben ist; oder das Gefühl, dem Toten manches schuldig geblieben zu sein, was nun nicht mehr abgetragen werden kann, etwa ein Dank oder die Bitte um Verzeihung für eigenes Fehlverhalten; bei manchen ist es auch die nun zutage tretende Unselbständigkeit, die jetzt Zukunftsängste hervorruft.

Sicher wäre es für jeden Trauernden hilfreich, diese eigenen Anteile des Schmerzes ehrlich und selbstkritisch zu betrachten: Was läßt mich traurig sein? Woher kommt das – und wohin führt das? Es hilft jedenfalls

nicht immer, einfach Gras über das Grab des Vergangenen wachsen, einfach die Zeit alte Wunden heilen zu lassen.
Doch die Seelsorge Jesu geht einen anderen, vielleicht manchem unbarmherzig erscheinenden Weg, und zwar in zwei Richtungen: er lenkt entschlossen von der Vergangenheit in die Gegenwart. Die beste Form der Vergangenheits-Bewältigung ist für ihn: die Umkehr zum Leben, das gerechte und barmherzige Handeln jetzt und hier. Halte dich nicht lange bei dem auf, was du versäumt hast, sondern ziehe rasch den Schluß daraus, es jetzt anders zu machen. Hast du dem Verstorbenen nicht genug Zeit und Liebe zugewandt, so tue es jetzt bei denen, die leben. Überlaß das Zurückliegende Gott, aber mache das Nächstliegende selbst. Nicht zu einem vorschnellen Verdrängen ruft Jesus damit auf, vielmehr dazu, der eigenen Trauerarbeit eine Richtung zu geben. Was ich erkannt habe, das schiebe ich nicht ab, sondern ich nehme es wahr und arbeite es in mein Leben ein, solange mir noch Zeit gegeben ist.
Und damit kommt die zweite Richtung in den Blick: die Zukunft. Sie ist ja schon angebrochen, und sie bricht jeden Tag neu an. Jesus sagt dem, der noch seinen Vater begraben will, bevor er ihm nachfolgt: »Laß die Toten ihre Toten begraben; du aber gehe hin und verkündige das Reich Gottes!« Das erscheint deshalb hart, weil diejenigen, die pietätvoll ihre Toten begraben, selbst »Tote« genannt werden. Jesus hat oft überspitzt geredet, um Einsicht zu wecken. Mit diesem Wort möchte er den Blick des Trauernden geradezu fortreißen von dem Verstorbenen. Siehe zu, daß du in deiner Liebe zu *dem* Toten nicht anfängst, *das* Tote zu lieben! Laß dich nicht von dem Toten selbst ins Grab hineinziehen. Mache dich nicht, obgleich du noch lebst, selbst zu einem Toten. Wenn du auf Gott blickst und auf sein Reich, bist du dem Toten abgestorben, lebst du dem Leben!

Das ist eine mächtige Botschaft. Das führt zu einer gewaltigen Wendung. Das mag wohl das Stärkste sein, was einem Trauernden zugemutet, aber auch zugetraut wird. Denn hier wird ein Ziel gesetzt, auf das hin sich neu zu orientieren lohnt. Der Seelsorger Jesus nimmt uns auch heute bei der Hand und führt uns aus dem Totenreich in das Reich der Lebendigen.

Trotz dem Todesrachen!

1. Korinther 15,55 u. 57
Helmut Siegel

Unser Lebenslauf – ist er etwas anderes als ein Lauf auf den Tod zu? Viele von Ihnen haben das ja in diesem Jahr bitter erfahren, am Sterben von Menschen, die ihnen nahestanden. Und egal, ob die Trauer noch frisch ist oder langsam weicht, das bleibt:
Die Erfahrung, wie schwer die Schritte zum Grab sind, und dann die Schritte vom Grab weg, ... den oder die, die man liebte, da zurücklassen müssen. Wir sind damals ein paar Schritte an Ihrer Seite gegangen, haben versucht, mitzuempfinden, den Schmerz mitzutragen, aber mehr als ein paar Schritte waren es nicht, dann gingen Sie allein.
Und mehr als einmal wird es manchem von Ihnen so vorgekommen sein, als ob der Tod an den Schuhen klebt, es keinen Weg gibt, wo einen die Trauer nicht hinbegleitet. Selbst wenn man vergessen wollte, man konnte nicht, der Tod war immer da, die Trauer war nicht abzuschütteln, und das, was man tat, war verdunkelt durch den Tod. Meinte man, aufatmen zu können, dann war der Schmerz auf einmal unvermittelt wieder da, erwies sich die Trauer als ein Tier, das nur geschlafen hatte und einen nun unvermittelt wieder ansprang. Unser Lebenslauf – ein Lauf auf den Tod zu?
Manch einer unter uns wird sagen: »Ich empfinde das anders. Ich meine: Unser Lebenslauf – das ist ein Lauf *vor dem Tod weg,* eine Flucht vor dem Tod.« Und auch dafür könnte er Erfahrungen nennen, darauf hinweisen, wie wir alle uns selbst oft genug sagen: »Sterben? Bloß nicht dran denken!« Wie wir versuchen, all dem aus dem Weg zu gehen, was uns an den Tod erinnert – manch Trauernder hat da bittere Erfahrungen mit seinen Mitmenschen gemacht. Wie wir uns vor Alter und Krankheit fürchten und beim Lesen der Todesanzeigen denken: »Ein Glück – ich nicht!«
Und doch: beide Erfahrungen treffen sich im Entscheidenden, nämlich in der Erfahrung: »Wir können nicht vor dem Tod weglaufen. »Selbst wenn wir meinen, wir hätten ihn weit hinter uns gelassen, kann es sein, daß der Arzt auf einmal sagt: »Es war doch bösartig!« und schon spüren wir den hechelnden Atem des Todes direkt hinter uns.
Unsere vergebliche Flucht vor dem Tod ... – mir ist dazu ein Traum eingefallen, den jemand mal berichtet hat und den mancher unter uns vielleicht selbst schon so ähnlich geträumt hat:

»Als Kind«, so berichtete er, »träumte ich oft denselben Traum. Ich war draußen und spielte. Es war eine bekannte Umgebung, nichts Fremdes oder gar Erschreckendes.

Aber plötzlich beim Spielen erhob sich hinter mir ein Verfolger. Seine Gestalt blieb mir immer undeutlich. War es eine Löwengestalt? Ich weiß nicht. Jedenfalls brüllte er mit lauter Stimme und jagte hinter mir her. Ich lief vor ihm weg, und das Gebrüll hinter mir wurde schwächer. Aber dann wuchs mein Entsetzen. Die Füße wollten nicht vorwärts, sie waren schwer, als klebte dicker Lehm an ihnen. So kam ich nur mühsam voran, und der Verfolger war mir wieder auf den Fersen. Ich lief und lief, dann war ich in der Straße, in der ich wohnte, aber auch hier war der Weg nicht leichter. Jetzt klebten die Schuhe im aufgeweichten Teer der Straße fest, und hinter mir der brüllende Verfolger. Endlich war ich an unserem Haus. Ich drückte auf die Klingel, atemlos vom Laufen.
Im letzten Augenblick, gerade als der Verfolger mich packen wollte, sprang die Tür auf. Aber ich konnte sie vor ihm nicht mehr schließen, er drückte von außen dagegen. Ich floh weiter, die Treppen hinauf. Wieder diese bleischweren Füße, diese mühsamen Schritte! Ein Glück, die Wohnungstür stand offen. Schnell hinein! Aber wieder war der Verfolger fast zur gleichen Zeit angekommen. Ich konnte seine mächtige Gestalt hinter dem Milchglasfenster der Tür sehen. Ein Spalt war noch auf, und langsam, aber sicher drückte er sich immer mehr in den Raum hinein.
An dieser Stelle bin ich immer aufgewacht, schweißüberströmt«, so erzählte er, »ich muß wohl geschrien haben, denn meine Mutter kam, die Lampe ging an, die Türen waren zu, und alles war gut.«

Ein schrecklicher Traum, nicht wahr?
»Aber eben ein Traum«, wird mancher denken. In Wirklichkeit geht es anders zu, leider! Da haben wir schöne Träume, träumen, sie ist wieder da, die Frau, die Mutter, der Sohn; wir reden mit ihnen wie früher, alles ist gut – und dann gibt es das böse Erwachen, wird uns klar: es war nur ein Traum, sie sind tot. Oder da wird die Wirklichkeit zum Alptraum, wenn der Mann morgens gesund aus dem Haus geht, und ein paar Stunden später klingeln zwei Polizeibeamte und sagen: »Wir müssen Ihnen leider eine traurige Mitteilung machen ...«; wenn der Arzt das Stethoskop weglegt und ernst sagt: »Es sieht schlecht aus!«
Unsere Wirklichkeit – schlimmer als ein Alptraum? Allerdings: Die Geschichte dieses Traumes ist noch nicht zu Ende, hören Sie den Schluß:
»Seltsamerweise«, berichtete er, »habe ich diesen Traum später ganz anders zu Ende geträumt.
Im Augenblick der höchsten Not, nämlich als der Verfolger vor der Türe stand und sie langsam nach innen drückte, faßte ich mir ein Herz. Ich trat zur Seite, ließ die Tür aufspringen, und dann sprang ich selbst in den aufgerissenen Schlund des Ungeheuers. Und es war so, als hätte dieser Sprung ihn getötet. Die Dunkelheit wich, es wurde hell, und ich war heil, und er war verschwunden. Offenbar hatte sich alles umgekehrt. Nicht ich war verschlungen, sondern er. Ich war lebendig, er war tot.«
Ein schönes Ende, liebe Gemeinde.
Zu schön, um wahr zu sein? Weil wir mit dem Sprung in den Rachen des Todes den Tod eben nicht aus der Welt schaffen, ihn töten, sondern er uns? Sicher ist das so. Und doch ist das Ende dieses Traumes ein Bild,

dessen Verheißung auch auf uns und unsere vom Tod bestimmte Wirklichkeit zutrifft.

Denn der, der diesen Traum erzählte, schloß mit den Worten: »Durch diesen Traum habe ich ein Bild verstanden, daß der Apostel Paulus vor sich gesehen haben muß, als er schrieb: »Der Tod ist verschlungen in den Sieg.«

Paulus schreibt dies in Erinnerung an Tod und Auferweckung Jesu Christi. Und da paßt das auf einmal zusammen: die Bilder des Traumes und die Wirklichkeit. Denn Christus, das war der erste und der einzige, der vor dem Tod nicht geflohen ist, sondern sich ihm stellte, ihm die Tür aufmachte.

Beim Tod Jesu, da sah es so aus, als sei alles wie immer: Der Tod triumphiert über das Leben. Doch drei Tage später wurde klar: Es war genau umgekehrt. Der Tod wurde durchbrochen, Christus erschien als der Lebendige, das Leben hat den Tod verschlungen. Seitdem ist der Tod verändert, liebe Gemeinde. Daß er noch da ist, daß er noch wehtut und trifft – Ihnen brauche ich das nicht erzählen, viele von Ihnen haben es erlebt, und wir alle werden es noch am eigenen Leibe erleben.

Aber der Tod ist vom Leben umgeben, von neuem göttlichen Leben. Der Schlund des Ungeheuers Tod ist zahnlos geworden, er kann niemanden, der stirbt, vernichten, festhalten, vom Leben fernhalten. »Tod , wo ist nun dein Stachel?« schreibt Paulus, »Hölle, wo ist nun dein Sieg?«

Diese Veränderung des Todes durch die Auferstehung Jesu Christi, das gibt mir die Kraft, so oft mitzugehen mit den Trauernden zu den offenen Gräbern. Ein offenes Grab ist schrecklich, das erlebe ich immer wieder. Daß es das *zahnlose* Maul des Todes ist, darauf hoffe ich.

Ich meine, der Sieg Jesu über den Tod kann uns allen die Kraft geben, die Richtung unseres Lebens zu bejahen, auch wenn es eine Richtung auf den Tod zu ist. Sicher werden wir uns weiter vor dem Tod fürchten, aber grauen muß uns nicht mehr vor ihm, letzte Macht über uns und die, die vor uns gestorben sind, hat er nicht mehr.

Wie sehr sich durch dies Vertrauen unser Leben ändert, ich denke, wir haben es bisher höchstens in Ansätzen entdeckt.

Vielleicht eine der wichtigsten Veränderungen wird sein, daß wir ein wirkliches Ja zum Leben sagen können. Ein Ja zum Leben, wie es nun mal ist, bedeutet: auch zum Sterben ja zu sagen. Und ja zum Sterben können wir sagen, weil Gott zum Tod nein gesagt hat und dies Nein für unser aller Tod gilt.

Wir alle werden sterben, das ist gewiß. – Ob ich den Mut haben werde, dem Tod die Tür aufzumachen, wenn er mich verfolgt, wenn er vor der Tür steht und in mein Leben einbrechen will?

Ich weiß es nicht. Den mutigen Sprung in den Rachen des Todes – den

werde ich nicht schaffen und Sie wohl auch nicht. Aber das brauchen wir nicht. Das hat einer *vor* uns und *für* uns gemacht.
Doch Sie und ich werden einen Halt haben, in unserer Todesangst und in unserer Trauer um die Toten. Wir werden darauf vertrauen können, daß sich an uns allen die Erfahrung Jesu wiederholt, an uns und an denen, um die wir trauern: »Tod, wo ist dein Stachel? Hölle, wo ist dein Sieg? – Gott sei Dank, der uns den Sieg über den Tod gibt durch Jesus Christus.«

(Nach einer Andacht von Rolf Heue in ›werkstatt predigt‹ 1974, Nr. 7)

Die Vollendung ist im Gange

1. Petrus 4,7–11
Heinz Behrends

Weißt du, wer gestorben ist, sagte meine Frau, als ich nach Hause kam, mit einer Stimme, die mich ahnen ließ, daß sie jemanden aus unserer Bekanntschaft meinte. Es stimmte, und wir fuhren zur Beerdigung, wo sie uns erzählten, er sei am Sonntag in der Nacht nach seinem Festgottesdienst gestorben. Obwohl wir uns fünf Jahre nicht gesehen hatten, brachte die Situation uns schnell wieder nahe.
Gestern nun kam die Danksagung.
»Danke, daß Ihr hier wart. Es waren ja so viele da. Nun ist es wieder still geworden, und das Heimweh wird immer stärker.«
Kann eine Witwe ihre Situation besser beschreiben?
›Nun ist es wieder still geworden, und das Heimweh wird immer stärker.‹
Es bleibt der Gang zum Grab, für manchen ein täglicher Gang, ein schmaler Weg.
Um mich noch einmal zurückzuversetzen und besser verstehen zu können, bin ich den Weg gestern noch einmal gegangen, habe mich noch einmal an die Gräber gestellt, Gesichter und Lebensgeschichten zu erinnern versucht. Ich habe die Gräber betrachtet, schön zurecht gemacht sahen sie aus, Zeichen der Liebe, aber auch der Vergänglichkeit; das sichtbare Ende.
Manche von Ihnen ist in diesen Wochen den Weg zum Grab gegangen und zu sich selbst zurück. Mancher möchte nur noch diesen Weg gehen zwischen dem Grab und dem Ich. Nur behutsam möchte ich Sie einladen,

diesen Weg vorübergehend zu verlassen, um anderes zu sehen. Das biblische Wort lädt dazu ein.
›Es ist nahe das Ende aller Dinge.‹ Das Wort ermutigt, über die Zeit nachzudenken.
Nahe das Ende? Ich habe Leute gefragt. Ja, das glaube ich irgendwie, sagen sie, aber morgen damit rechnen? Nein. Hätte man mich als Konfirmanden danach gefragt, ich hätte gesagt: Niemals denke ich an das Ende.
Im Englischunterricht mußten wir in der Grammatik immer eine Zeitlinie malen, eine Linie, eingeteilt in Vergangenheit, Gegenwart und Zukunft. Im Biologie-Unterricht hatte ich gelernt, daß eine lange Entwicklungsgeschichte hinter mir und vor mir liegt. Aber das mußte man mir nicht erst in der Schule sagen. Als Jugendlicher drängte ich sowieso nach vorne. Für mich gab es nur Zukunft, und die lag vor mir. Vor mir lag der Ort, an dem ich meine Position suchen mußte. Ende aller Dinge? Nein.
Die Älteren haben ein anderes Bild von Zeit: die Sanduhr. Der Sand im oberen Glas ist die Menge meines Lebens, meiner Tage. Er läuft durch. Wenn die Uhr abgelaufen ist, kannst du nichts mehr machen, sagt mir mancher. Ja, wenn man wüßte, an welcher Stelle der Zeit man gerade steht. Aber ich weiß es nicht.
An welcher Stelle wir gerade stehen, scheint ein aktuelles Zeitgefühl besser zu wissen. Sie sagen, es sei 5 vor 12. Die schlechten Nachrichten bestätigen das Zeitgefühl. Die Älteren sagen: Früher war es besser. 5 vor 12 ist Endzeitstimmung. Da müßte man doch in das Rad der Geschichte greifen, sagt man.
Das allgemeine Denken über Zeit geht selten ans eigene Herz. Über den eigenen Tod macht man sich relativ selten Gedanken. Selbst wenn jemand aus der Nähe stirbt, weint man um sich selbst, aber den Gedanken des eigenen Todes hält man sich vom Leibe, solange es geht. Um so eher stürzt dann die Andeutung einer schlimmen Krankheit ein Lebensgebäude ein.
Nach Luther lebt der Mensch zwischen Hochmut und Verzweiflung. Darin ist er Sünder. Ich selber finde mich in dieser Beschreibung wieder.
Wir sind uns unserer Zeit nicht sicher.
Ende aller Dinge?
Ich sehe näher hin und entdecke, daß ich das Bibelwort genauer übersetzen kann.
In der Bibel steht für Ende und für Ziel das gleiche Wort.
»Es ist aber nahe die Vollendung aller Dinge.«
Da bekommt die Zeit eine andere Wertung, eine christliche. Zeit ist etwas, das am Ende voll und erfüllt sein wird.
Ja, das kenne ich. Am Ende ist etwas erfüllt. Am Ende einer Konfirman-

den-Freizeit erlebe ich manches Mal, daß gestandene Jungen weinen, weil die gemeinsame Zeit so schön war.
Abschied vom Sterbenden wird von mancher Familie oder von Freunden als erfüllte Zeit empfunden. Da ist erfüllte Zeit eine sehr bewußt erlebte Zeit. Zwei Sätze eines Sterbenden können wichtiger werden als alle Worte seines Lebens. Neben der Traurigkeit über das Ende wächst das Gefühl, daß hier etwas abgeschlossen ist, das mir niemand mehr nehmen kann. Das Gewesene gehört mir, das Kommende lege ich in Gottes Hand. Ich glaube mit dem Zeugnis der Bibel, daß in jedem Ende ein neuer Anfang liegt. Kreuz und Auferstehung sind dafür ein beredtes Zeugnis.
Das Schwinden der Zeit verunsichert nicht mehr.
Wir leben in Zeiten der Vollendung, nicht in der Endzeit.
Die Vollendung ist im Gange, ablesbar am Leben von Christen.
Was sollen wir tun in Zeiten der Vollendung?
Seid mäßig, nüchtern zum Gebet, gastfrei, habt brünstige Liebe, dient einander, redet eindeutige Worte.
Seid mäßig. Maßlosigkeit verdirbt das Leben. Die Anschauung für die Wahrheit des Satzes ist überall zum Greifen.
Seid nüchtern zum Gebet. »Was soll ich in der Friedenswoche zum Morgengebet kommen? Hab' doch keinen Vogel«, sagte jemand zu mir.

Beten heißt nüchtern sein. Wer betet, kommt nicht auf verrückte Gedanken. Er behält den Kopf und weiß, was seine Hände tun
Seid gastfrei. Seid offen. Teilt euer Leben mit anderen.
In einem Wort: Habt Liebe untereinander. Uns ist nichts Größeres in der Vollendung der Zeit aufgetragen als die Liebe.
Und Liebe ist das einzige, was über das Grab hinaus bleibt.
Und was soll das alles?
Ganz einfach: Daß in allen Dingen Gott gepriesen werde durch Jesus Christus. Er, der Herr der Geschichte, in dessen Hand alle Zeit steht. Da lasse ich mir die Zeit nicht anschwärzen. Ich lebe gerne. Am Ende, am Ziel wartet eine offene Tür und keine Wand. Was sollen wir mehr verlangen!
So währt Gottes Zeit von Ewigkeit zu Ewigkeit, und mittendrin: ich.

Überwindung

Offenbarung 21,1–7 und Kantate »Barmherzig und gnädig ist der Herr« von Joh. Schelle
Hannes-Dietrich Kastner

Auf einer pädagogischen Tagung im März dieses Jahres haben Jugendliche selber Märchen geschrieben, Märchen, in denen sie sich selber skizzieren. Eins dieser Märchen will ich erzählen:
»Ein kleiner Junge lebt ein ödes und trostloses Leben. Er wird mit seinen Eltern nicht fertig, er kommt in der Schule nicht zurecht, er hat keine Spielkameraden. Da findet er eines Tages einen roten Luftballon und freundet sich mit ihm an. Der Ballon begleitet ihn in die Schule, hilft ihm bei den Hausaufgaben, teilt seine freie Zeit mit ihm. Einmal kommen andere Kinder und zerstechen den Ballon des Kindes. Während es noch weint, kommen sehr viele Luftballons vom Himmel. Einen hält der Junge fest, und dieser trägt ihn in die Höhe. Der Junge steigt von Sphäre zu Sphäre. Er sieht Farben, die er noch nie gesehen hat; hört neue und unbekannte Musik; sieht Figuren, die es eigentlich nicht geben kann. Plötzlich zieht ein schwarzes Gewitter auf, der Ballon des Kindes zerplatzt, und der Junge stürzt auf die Erde. Da sind die Kinder wieder gemein zu ihm, die Eltern wieder doof, und die Schule ist wieder langweilig (mitgeteilt durch Fulbert Steffensky).
Liebe Gemeinde, das ist kein schönes Märchen. Aber es ist ein wichtiges Märchen, weil es zeigt, welche fatalistische und depressive Grundstimmung unter vielen Menschen herrscht. Es ist ein trauriges Märchen, weil es Erwartungslosigkeit ausdrückt. Wie in den alten Märchen muß der Held eine Reise machen. Aber der Anstoß zur Reise ist anders als bei den klassischen Märchen. Nicht Abenteuerlust, keine Aufgabe: Der Junge hat Fluchtgedanken. Unterwegs überwindet er keinerlei Gefahren, er muß nicht »arbeiten«; es ist ein Ausflug – oder sage ich – eine Ausflucht ins Sphärisch-Schöne. Und am Ende kommt der Held auch nicht verändert zurück, nicht geläutert, nicht gestärkt, nicht ermutigt-angstloser. Er ist einfach wieder da in der alten Misere. Darum nenne ich es ein trauriges Märchen, ein Märchen von dem keine verwandelnde Kraft ausgeht. Manchmal ist es auch mein Märchen. Manchmal erlebe ich mein Leben auch so. Manchmal möchten wir uns gern aus unseren kleinen und großen Miseren herausträumen, Widerstände und Schmerzen vergessen, davonschweben, schöne Augenblicke festhalten, ausdehnen. Aber nach dieser Methode schaffen wir es nicht. Gewitter ziehen auf, so heißt es im

Märchen, der Ballon zerplatzt, wir stürzen ins Leben zurück, weil der Traum uns nicht trägt. Sturz ins Leben. Mancher unter uns ist in dieser Weise im zu Ende gehenden Jahr gestürzt, hat Widerstände erlebt, Enttäuschungen. Mancher unter uns hat einen Menschen verloren, der ihm viel bedeutet hat: die Mutter, den Vater, die Großeltern, Geschwister, Sohn, Tochter oder einen guten Freund. Wir haben Menschen begraben, wir haben Lebensziele begraben, Entwürfe, an denen unser Herz hing. Wir haben Beziehungen sterben sehen, Freundschaften, Ehen, Vertrauen. Wir haben Hoffnungen begraben, private und öffentlich-politische Hoffnungen.
Ich kann es gut verstehen, daß Menschen sich aus solchen Erfahrungen herausträumen möchten. Aber ich möchte mich und alle an keinen roten Ballon hängen. Ich möchte es nicht riskieren, daß wir nach einem kleinen Sphärenflug wieder in der alten Misere landen. Ich möchte es vielmehr riskieren, ein altes Wort neu in Anspruch zu nehmen: misericordia dei – auf Deutsch: Gottes Herz für unsere Misere, für unser Elend. Johann Schelle hat in der Kantate, die wir vorhin gehört haben, dieses Herz Gottes für unsere Misere besungen: »Barmherzig und gnädig ist der Herr, geduldig und von großer Güte« ... »Wie sich ein Vater über Kinder erbarmt, so erbarmt sich der Herr über die, die ihn fürchten«. Ein roter Luftballon für ein trauriges Kind – gelegentlich kann so ein Luftballon Tränen trocknen. Aber kein vernünftiger Vater kommt auf die Idee, seinem Kind bei jeder Schwierigkeit oder bei jeder schmerzhaften Situation mit einem bunten Luftballon über die Hürden zu helfen. Das Wichtigste, was ein Vater seinem Kind anbieten kann, ist einmal: ein festes, unkündbares Grundvertrauen. Zum anderen: die Zumutung, daß das Kind an wachsenden Lebensaufgaben reift.
Misericordia domini – die Barmherzigkeit Gottes, sein Herz für unsere Misere. – Liebe Gemeinde, ich bin dankbar, daß uns in Gottes Geschichte mit uns keine Luftballons zufliegen, die uns hin und wieder für eine Weile schwerelos machen und uns ein Stückchen den Miseren unserer Welt entheben. Das Evangelium von Jesus Christus ist anders, sein Weg von Bethlehem über Nazareth nach Jerusalem ist anders. Er hat stets Bodenberührung, hat Verbindung zu Menschen, er löst Menschen nicht aus ihrer Weltverantwortung heraus, sondern im Gegenteil: er ruft sie in Weltverantwortung hinein. Er räumt ihnen nicht alle Schwierigkeiten beiseite, sondern weist auf sie hin. Er träumt sich und andere Menschen nicht in eine schöne, ferne Sphäre hinein, sondern wieder anders: er zeichnet Spuren des Reiches Gottes in die Miseren, die uns belasten. Als es nötig ist, viele Menschen satt zu machen, da dankt er Gott für Brot und Fisch, die Zeichen der Misericordia Domini, und reicht sie den Hungrigen hin. Indem wir Weniges teilen, nehmen wir bereits spurenhaft wahr, was Gottes Ziel ist: daß nämlich für alle genug da ist.
Vielleicht wenden wir an dieser Stelle ein: Das war halt Jesus von Nazareth,

eine Ausnahmeerscheinung. Ich habe nicht diese Spannkraft, die meine gegenwärtige Misere mit Gottes Barmherzigkeit zu verbinden vermag. Es fällt mir schwer, heute Kräfte aus einer mir versprochenen Zukunft zu schöpfen. Ein Luftballon, der mich sofort – jetzt ein Stückchen hochhebt, wär mir lieber.
Liebe Gemeinde, der biblische Text für die Predigt dieses Sonntags kommt uns an diesem Punkt zur Hilfe. Er steht ganz am Ende unserer Bibel, in der Offenbarung des Johannes. Wichtiger als alle einzelnen Aussagen dieses Textes ist der Kontext, der Zusammenhang. Denn für sich betrachtet ist unser Abschnitt ein Luftballon, ein schönes Sphärenbild. Aber der Abschnitt hat eine Vorgeschichte. Der Verfasser der Offenbarung schreibt an Gemeinden, denen es die Behörden schwer machen, Christen zu sein. Es ist die Zeit der Christenverfolgung, die Zeit, in der ein römischer Kaiser Papageien dressieren läßt, die »Ave Caesar« schreien können. Auffällig oft gebraucht die Offenbarung des Johannes gegenüber den angeredeten Gemeinden das Wort: überwinden. Oder denken wir an das bekannte Wort: »Sei getreu bis in den Tod.« – Vom Durchstehen, von Gefahren, von Bewährung ist die Rede, nicht von Entrückung, von Flucht, von Luftballons. Und wirklich erst ganz am Ende zeichnet Johannes ein Bild, eine Vision. Ich lese uns diese Vision:
»Und ich sehe einen neuen Himmel ...
Liebe Gemeinde, am Schluß dieses Textes ist wieder vom Überwinden die Rede. Und so ist deutlich, daß Johannes seine Vision nicht als Luftballon versteht. Auch der Inhalt der Vision unterstreicht das. Johannes sieht sich und die Welt nicht emporschweben, sondern erwartet einen Neubau unserer Welt, unserer Städte und ein erfahrbares Zusammenrücken Gottes mit uns Menschen, die Vertreibung des Todes, das Abwischen aller Tränen. Wir alle werden den Neubau dieser neuen Welt nicht vollenden und das »neue Jerusalem« nicht schaffen. Aber unser Glück kann darin bestehen, daß wir unser Leben für diese Vision von Gottes neuer Schöpfung offen halten. Wir sind Überwinder, wenn wir uns nicht nach Luftballons umschauen, sondern daran gehen, die Welt nicht ihrem Unglück zu überlassen. Wenn wir wenigstens einen Weinenden trösten ... dann ist das schon ein Schritt in die richtige Richtung. Auch wenn wir uns trösten lassen, ist das ein guter Schritt. Wenn wir wenigstens dem Tod nicht noch zuarbeiten und in die Hände spielen, wenn wir uns wenigstens nicht am Leiden anderer weiden, wenn wir uns wenigstens mit den Fröhlichen mitfreuen.
Sehen Sie, wenn Archäologen etwa den Verlauf einer alten von Gras überwachsenen Stadtmauer herausbekommen wollen, Hausfundamente oder Gräberfelder, dann steigen sie in einen Hubschrauber und machen aus einiger Entfernung Fotografien. So – aus einiger Entfernung – wer-

den für sie alte Spuren sichtbar. – Anders ist es mit den Spuren des Reiches Gottes. Die Spuren des Reiches Gottes, den Grundriß des neuen Jerusalem, nehmen wir wahr, wenn wir uns ganz auf diese Welt einlassen – wenn wir ganz nahe bei den Menschen sind und bei ihnen aushalten, wie Jesus – wenn wir einander helfen, Miseren zu überwinden. Die Gestalt unserer Hoffnung ist der Mut, jeden Tag etwas dafür zu tun, daß sich unsere Miseren nicht noch weiter ausbreiten und Raum bleibt für die Misericordia Gottes, für seine Barmherzigkeit.
»Gott wird abwischen alle Tränen von ihren Augen«. Was Johannes gesehen hat, wird uns vorausbleiben. Was wir schon erleben und täglich erleben können, ist dies: daß Tränen getrocknet werden nicht für immer, aber immer wieder; daß Lebensangst aufgehoben wird nicht für immer, aber immer wieder. Diese Erfahrung kann uns mit dem neuen Himmel verbinden und der neuen Erde. Diese Erfahrung wünschen wir heute allen unter uns, die traurig sind. »Wie sich ein Vater über Kinder erbarmt, so erbarmt sich der Herr ...« heißt es im Psalm 103. Die Überwinder nennt Johannes Söhne Gottes. Lassen wir die Luftballons jenes Märchens, das ich anfangs erzählt habe, fliegen und bleiben wir der Erde treu als Empfänger der Barmherzigkeit Gottes. Das wird uns gut tun.

Von Ende und Übergang

Offenbarung 21,1–7
Hans Werner Dannowski

Liebe Gemeinde! »Und ich sah einen neuen Himmel und eine neue Erde ...« Das müßten wir selber sehen, den neuen Himmel und die neue Erde. Die müßten wir selber hören, die große Stimme von dem Thron, die spricht: Siehe da, Gott bei den Menschen. Wer kann sich denn damit begnügen, daß einer einst vor vielen hundert Jahren dies gesehen, dies gehört hat. Visionäre müßten wir *selber* werden oder aber – einfach Glaubende, schlicht Glaubende. Menschen, die glauben, daß das Leben nicht ein Ende, sondern ein Übergang ist.
Wir alle kommen, denke ich – liebe Freunde – von einem Ende her. Gerade heute, gerade am Totensonntag ist das so. Ich bin in diesem Jahr hinter manchen Särgen hergegangen. Aber was wiegt das alles

gegen die Erfahrung derer, die hinter einem einzigen Sarg hergegangen sind, aber dieser eine Sarg – war für sie das Ende.
Da ist eine Tür ins Schloß gefallen. Da ist einer, da ist eine hindurchgegangen. Die Tür ist zu, und schon weiß ich nicht mehr genau, wie es wirklich war. Du warst da, ich spüre noch deine Hände, spüre den Atem. Ich höre deinen Schritt auf der Treppe, höre, wie die Tür aufgeht. Denke, gleich wirst du um die Ecke treten. Aber es ist nichts da, es ist auf einmal alles still. Ich falle in ein Loch wie in einen abgrundtiefen Brunnen hinein. Was heißt hier trauern, was heißt hier Schmerz? Da ist eine Beschädigung, eine Vernichtung des Lebens, die wortlos macht. Das Ende ist stumm, es hat keine Sprache. Je mehr wir alles geliebt haben, umso weniger kann man es manchmal bewahren.
Wir gehen alle, denke ich – liebe Freunde – auf ein Ende zu. Ich wache auf und habe von meiner eigenen Beerdigung geträumt. Sicher, es ist richtig: ich kann mein eigenes Ende nicht denken, es ist ja noch immer ich, der Lebende, der dieses denkt. Aber ich kann das eigene Ende träumend und schauend vorwegnehmen, kann die Starre spüren, die langsam in mir hochkriecht. Wie alt bist du eigentlich ... 50 ... 53. Du hast das meiste deines Lebens hinter dir. Eines Tages, da wirst du dich niederlegen und nicht mehr aufstehen. Und Menschen werden um dich weinen, und einige werden noch eine Weile an dich denken und werden dich dann langsam auch vergessen. Sie werden ihr eigenes Leben weiterleben, ihr kleines, schönes, langes, kurzes Leben zwischen Geburt und Tod.
Wir kommen von einem Ende her, liebe Gemeinde, wir gehen auf ein Ende zu. Auch das Ganze, die Welt und alles in ihr, geht auf ein Ende zu. Eines Tages, auf die eine oder andere Weise, durch Hitze oder Kälte, durch Hunger oder Wasser, durch Strahlung oder Bombe, wird die Erde ohne ihre menschlichen Zeugen sein. Eines Tages wird sie ihre Tiere und Pflanzen verlieren, ihre Farben, wie sie in den Augen der Lebenden erscheinen, ihre Signale, die die Zeit im Rhythmus gliedern. Es ist ja alles so unheimlich vorstellbar geworden, wie die chemische Brühe sich in die Flüsse und Meere ergießt, wie da auf einmal alles biologisch tot ist. Eines Tages wird ein Tag kommen, der kein Tag mehr sein wird, für nichts und niemanden mehr. Das phantastische, das wunderbare Zwischenspiel der menschlichen Geschichte wird zu Ende sein.
Denn der erste Himmel und die erste Erde sind vergangen, und das Meer ist nicht mehr.
Ja, das ist das Ende. Das ist es gewesen und das wird es gewesen sein. Das ist das eine. Aber ist das alles? Kann ich noch, ja, muß ich nicht noch weiterreden?
Da sind viele Menschen in einem Gottesdienst beieinander, um von

jemandem Abschied zu nehmen. Er hat vielen viel bedeutet, der Heimgegangene, man spürt es in dem Raum. Es ist eine Stunde der Tränen und der Erschütterung. Aber zugleich liegt etwas anderes in der Luft. Wie mit Händen ist es zu greifen, zu erspüren ist es: nicht nur ein Ende ist das hier, nicht nur ein Hergeben, nein, ein Übergeben des Lebens ist es, ein Weitergeben, ein Sichüberlassen. »Ach, Herr, laß dein lieb Engelein am letzten End' die Seele mein in Abrahams Schoß tragen ...« Loblieder unter Tränen, Anfangsgeschichten auch, nicht nur Endgeschichten. »Herr, wenn du deine Schöpfung eines Tages in die Scheuern einbringst, so öffne das doppelte Scheunentor und laß uns dort eintreten, wo nicht mehr geantwortet wird, aber wo die Seligkeit ist, die der Schlußstein der Fragen ist, und die Schau, die befriedigt ...« Und jedermann weiß in diesem Raum: daß das wahr ist, daß Gott das doppelte Scheunentor weit auftut und auftun wird und diesen Menschen aufnehmen wird in die Fraglosigkeit der Erfüllung, in seinen Frieden. Leben ist nicht nur Ende. Leben ist Übergang. Jeder Abschied, hat ein Philosoph gesagt, hat die Struktur des Übergangs vom Alten in das Neue. Ja, Leben ist Übergang in ein anderes, kraft des Glaubens an den, der Christus von den Toten auferweckt hat.
Ich denke an mein eigenes Ende. Ist es denn wirklich nur Ende? Ich bin erwartet worden, als ich auf die Welt kam. Menschen haben sich daran gefreut. Man hat auf mich gesetzt, für mich gesorgt. Ich bin nicht für die Vergeblichkeit, nicht für den Tod geboren. Ich bin in dieses Leben eingetreten unter einem großen Ja, unter einem Sinn, der nicht erarbeitet, geleistet, verdient werden muß, der unserem Leben eingestiftet ist – von Gott. Und da ist die Liebe, die diese Fülle aus unserem Leben herauszulieben vermag, aus den Unfrommen und aus den Frommen, die beide es sich selbst auf ganz verschiedene Weise schwer machen, die Lebensfülle und die Freiheit Gottes zu erfahren. »Ich lebe«, sagt der Christus, »und ihr sollt auch leben.« Nein, ich werde in Ewigkeit nicht verloren und vergessen, ich werde in Ewigkeit geliebt sein – kraft der Auferweckung Jesu Christi von den Toten, meines, deines Bruders, unseres Herrn.
Ja, und dann die ganze Welt. Die Welt, die auf ihr Ende zugeht. Und doch – zugleich – auf eine neue Schöpfung. »Ich sah einen neuen Himmel und eine neue Erde.« So wie am Anfang die alte, die erste Schöpfung stand, so steht die andere, die neue Schöpfung da. Nein, *wir* werden das nicht schaffen, die Welt zu einer neuen Schöpfung zu gestalten. Mein Gott, was haben wir aus dieser alten Welt gemacht. Das Vertrauen auf die naturgegebene Humanität des Menschen, der Glaube an den Fortschritt ist zu einem einzigen großen Gelächter geworden, zu einem Hohngelächter über den Menschen und über das, was er vermag. Nein, schaut sie

euch an, die *neue* Welt. Das ist die neue Welt, die neue Schöpfung: wie eine Mutter wischt Gott die Tränen ab. Die Gebärde unendlicher Zärtlichkeit ist darin, die tastende Hand der Liebe. Das ist die neue Welt. Kein Leid, kein Geschrei, kein Schmerz. Tod, wo ist dein Stachel? Hölle, wo ist dein Sieg? Die Welt ist im Übergang zu dieser neuen Welt, und wenn es nicht *der* Gott wäre, den Christus dieser Welt gezeigt, gelebt hat, ich würde es ihm nicht glauben. Aber nun, ja, nun weiß ich es, nun glaube ich es, nun sehe ich es an ihm: Selig sind, die da Leid tragen, denn sie sollen getröstet werden. Selig sind die Friedfertigen, denn sie werden Gottes Kinder heißen. In ihm, in Christus, kommt die Zerstörungswut der Menschen an ihr Ende. Da wird sie hinaufgetragen an das Kreuz. In ihm beginnt mein anderes, mein neues Leben. Siehe, ich mache alles neu.
Das Leben, liebe Freunde, ist nicht nur ein Ende, es ist ein Übergang. Und die Abschiede gehören zu ihnen mit dazu. Abschiede aber sind es, die sich nicht in ein Ende verbissen vergraben, sondern die den Übergang begleiten in ein neues, größeres Ganzes. Ich weiß manchmal nicht, wohin mich das alles führen wird. Ich weiß nur dies: daß da in diesen Abschieden der Gott auf mich wartet, der zu den Menschen und zu seiner Schöpfung steht. Das ist nun nicht nur ein Gefühl, ein Gedanke, ein innere Bewegung. Es tritt nach außen, wird Handeln, wird zum Zeichen. Das Abendmahl ist ein solches Zeichen vorauserfahrener Gottesherrschaft. Es ist das Mahl, das Christus in der Herrlichkeit mit uns feiern wird. Er feiert es schon hier mit uns. Zu Brüdern und Schwestern werden die Menschen an seiner Seite. Die Lebenden versammeln sich um Brot und Wein – aber gehören die anderen nicht mit dazu? Ein Lobgesang, der Himmel und Erde umschließt, ein Lob mit den Engeln und Seraphinen. Ein Mahl ist es, in dem er, der gekreuzigte und auferstandene Herr, in unsere Mitte tritt. Vergebung der Sünden, Leben und Seligkeit. Es wird dich stärken und erhalten, dieses Zeichen, es wird dich festhalten in seiner Liebe. Es wird dir die Augen und die Ohren öffnen, daß du das schaust und hörst, begreifst und lebst: Und ich sah einen neuen Himmel und eine neue Erde. Und ich hörte eine große Stimme von dem Thron, die sprach: Gott wird bei ihnen wohnen, und er wird abwischen alle Tränen von ihren Augen, und der Tod wird nicht mehr sein, noch Leid noch Geschrei noch Schmerz wird mehr sein.
Und der auf dem Thron saß, sprach: Siehe, ich mache alles neu!

Es wird alles gut

Offenbarung 21,1–7
Walter Leopold

Liebe Gemeinde, »Ach, wie flüchtig, ach, wie nichtig ist der Menschen Leben ...« Wir haben sie noch im Ohr, die Bachsche Vertonung der Gedanken aus dem 90. Psalm. Wir haben sie noch vor Augen, die 72 Menschen, von denen es Abschied zu nehmen galt in diesem Kirchenjahr, deren Namen soeben wieder lebendig wurden. ... »so ist unser Leben – sehet!«

Und nun bekommen wir im Predigttext für den Toten- und Ewigkeitssonntag etwas zu sehen und zu hören, was die traurigen Realitäten unserer todverfallenen Welt in ein merkwürdig anderes Licht zu stellen scheint:

Lassen wir sie wirken, die starken Bilder, die Klänge aus einer anderen Welt. Schauen verändert das Sehen. Der Himmel, Gott selbst will vernehmbar werden: das Meer von Angst und Leid hat keine Zukunft. Es verschwindet, damit das neue, endgültige Leben Platz finden kann: »Die heilige Stadt – das neue Jerusalem von Gott her herabgekommen«. In der Bibel werden Städte wie Frauen behandelt, – Paulus sagt einmal: »Das Jerusalem droben ist die Freie, das ist unsere Mutter – und wir ihre Kinder.« Licht, Wärme, Geborgenheit kommt über uns – »Jerusalem, du hochgebaute Stadt, wollt Gott, ich wär in dir ...«

Und noch während unsere mütterliche neue Heimatstadt erlebt wird, tritt ein anderes Bild, das Bild der Braut, hervor und löst das erste ab. Bereitet und geschmückt zur Hoch-Zeit des Lebens. Wenn die Bibel den neuen Himmel und die neue Erde malt, ist das alles andere als graue Theorie. Die Bilder der geheimen Offenbarung werden von Goethe wohl besser verstanden als von jeder blutarmen Dogmatik über die letzten Dinge: »Grau, teurer Freund, ist alle Theorie und grün des Lebens gold'ner Baum« ... »Alles Vergängliche ist nur ein Gleichnis, das Unzulängliche, hier wird's Ereignis, das Unbeschreibliche, hier wird's getan. Das ewig Weibliche zieht uns hinan.«

Und während sie noch auf uns wirken – wahrhaft menschliche Lust und Liebe offenbarend – die ewige Heimstatt, die Braut, beginnen diese Bilder zu reden in unbeschreiblich tröstlichen Worten: »Siehe da, hier wohnt Gott bei den Menschen. Er wird bei ihnen bleiben, und sie sind die seinen. Er selbst, Gott, wird ihnen nahe sein, er wird alle Tränen aus ihren Augen wischen, es wird keinen Tod mehr geben, kein Leid, keine Klage,

keinen Schmerz, denn die alte Welt ist vergangen. Und der auf dem Throne saß, sprach weiter: Sieh dich um! Ich mache alles neu.«
Der Seher bekommt zu hören, wie die Lebensverhältnisse in der ewigen Gottesstadt zwischen Gott und zwischen den Menschen aussehen: Distanz, Angst, Unnahbarkeit, Zweideutigkeit, ungelöste Fragen, alles, womit wir uns und einander feind und fremd werden, ist überwunden von Nähe, Vertrauen, Gemeinschaft, Verständnis – in einem Wort – von Gott. Er läßt leben. Das ist das Zentrum der Stadt, das Herzstück der Braut, das wahrhaft unsterbliche Menschliche. Das ist Schalom, der Friede des endgültig gelingenden gemeinsamen Lebens.
Jede früher oder später unvollendete Lebensfuge mündet ein in die groß angelegte Kadenz: »Siehe, ich mache alles neu.« – Es wird alles gut – es wird alles heil. Nichts war umsonst. Nichts und niemand geht verloren. Jede Träne ist ein gültiges Wasserzeichen dafür, daß menschliche Verbundenheit bei Gott unsterblich ist.
Ob sie nicht zu hell sind, die hochzeitlichen Bilder der ewigen Heimat? Ob es nicht zu laut, zu sicher klingt, die große Stimme vom Thron her: »Neu mache ich alles!«?
Viele sind heute bei uns, die die Schmerzerfahrung der Trauer kennen. Manche haben nur sehr zögernd zur Gemeinschaft dieser Betroffenen gefunden. »Ich hoffe, daß ich es schaffen werde, dabei zu sein«, wurde mir vorgestern von jemand gesagt. »Große Worte erwarte ich nicht, nur ein bißchen Verständnis für meine Lage und vielleicht etwas Konkretes über meinen Mann, ohne den alles so schwer geworden ist.«
Ein bißchen Verständnis für das, was es im Ernstfall bedeutet: mit dem Sterben leben; etwas Konkretes zur Frage: Was ist nach dem Tod? – Meine Antwort kann hier nur sehr kleinlaut ausfallen.
Die Menschen aller Zeiten und Kulturen haben sich diese Frage gestellt. Was ist nach dem Tod? fragten die Griechen, und viele von ihnen antworteten: Der Tod ist wie der Schlaf des Menschen.
Was ist nach dem Tod? fragten die Israeliten des Alten Bundes. Und sie antworteten: ein Schattendasein in der Unterwelt, ein Ort des Schweigens und der Vergessenheit.
Was ist nach dem Tod? fragen die Buddhisten, und sie antworten: das Hineinwachsen in das Nirwhana, in das Nichts, was immer das im einzelnen bedeuten mag.
Was ist nach dem Tod? fragt sich Friedrich Nietzsche: die ewige Wiederkehr des Gleichen. Nichts Neues unter der Sonne!
Was ist nach dem Tod? fragte auch Ernst Bloch, und er gab zur Antwort: ›le grand peutêtre‹ – das große Vielleicht.
Was ist nach dem Tod? so fragen sich auch heute kluge Theologen, und einige von ihnen geben die Antwort: »Es ist das Eingehen des Menschen

in ein alles umfassendes Weltbewußtsein, in einen kosmologischen Weltgeist.«
Zum Letzten kann ich nur sagen: das interessiert mich nicht. Ich will nicht aufgehen in einem alles oder nichts bedeutenden Weltgeist. Mein Wunsch und mein Interesse ist: Ich will weiterleben als Walter Leopold. Alles andere interessiert mich nicht und berührt mich nicht.
Aber was spricht dafür, daß dem so ist? – Sind die Materialisten nicht mindestens gleich ernst zu nehmen wie mein persönlich frommer Überlebenswunsch? Auf die Frage: Was ist nach dem Tode? antworten sie entschlossen und mutig: absolut nichts. Mit dem Tod ist alles aus. Bei allem Respekt vor den anscheinend so illusionslosen Realisten – mein Herz schlägt viel mehr in einem kleinen Gedicht von Marie Luise Kaschnitz, das mich nicht mehr losläßt, seit ich es las:

Nicht mutig
Die Mutigen wissen
daß sie nicht auferstehen
daß kein Fleisch um sie wächst
am jüngsten Morgen.
Daß sie nichts mehr erinnern
niemandem wiederbegegnen
daß nichts ihrer wartet
keine Seligkeit
keine Folter
Ich
bin nicht mutig.

Leise, wie auf Taubenfüßen kommt da eine befreiende Botschaft. Ich stimme zu: Ich habe nicht den Mut, dem Tod das letzte Wort zu lassen, weil ich das Leben viel zu sehr liebe. Ich habe nicht den Mut, die endgültige Erfüllung des Lebens von dem zu erwarten, was wir Menschen selber fertigbringen. Ich brauche diesen Mut auch gar nicht aufzubringen, ich darf hoffen. Diese Hoffnung gibt mir dann auch mehr Mut, als ich selbst aufbringen kann.
Der Sinn empfängt von einer Hoffnung, die über den Tod hinausreicht, die auf Vollendung hinweist und die Bruchstücke unseres Lebens zu einem Ganzen zusammenfügt.
Je stärker mich z. B. die Sorge um den Frieden bewegt, – je massiver ich in vielen Schritten fortschreitenden Wettrüstens, anhaltender Umweltzerstörung und Ausbeutung der Dritten Welt Schritte auf einen Abgrund zu sehe, die durch unsere Proteste und Appelle kaum zu stoppen sind, je mehr wir uns selbst und einander auch im persönlichen Bereich schuldig bleiben – desto wichtiger wird mir Ostern. Je mutloser ich bin, desto interessanter wird der Gedanke der Auferweckung. Ein Wort des Rabbi

Tarphan (aus dem 2. Jhdt.) bringt diesen hoffnungsvollen österlichen Lebensstil gut zum Ausdruck: »Es ist nicht eure Sache, das Werk zu vollenden, doch ihr habt nicht die Freiheit, es zu vernachlässigen.«

Auch das Leben Jesu war ein Fragment – abgebrochen durch den schmählichen gewaltsamen Tod am Kreuz. Erst die Auferweckungsbotschaft macht es zum Evangelium: Es wird Leben in seiner Fülle, ganzes, heiles, gelingendes, ewiges Leben. – Ein Leben, das sich rundet, wie die Rosette im Straßburger Münster.

Ein neues Licht fällt in unser Leben – wie das Licht aus der Laterne des Zwergleins – unterwegs ins Ewige (das wir am Mittwochabend zu sehen bekamen, gemalt von einem Kind im Schlagschatten des eigenen Todes). Wärme kommt in unser Leben, die bergende goldene Wärme der Farben der Gottesstadt, der Morgenglanz der Ewigkeit in den strahlenden Augen der Braut.

Ja, sie sind doch viel mehr als ein frommer Wunsch, diese Bilder, viel mehr als der vage Traum von einem besseren Jenseits. Als Folge der Auferstehung Jesu bekommen die Offenbarungs-Visionen ihre real wirksame und gegenwartsbestimmende Kraft. Wenn die Macht des Todes einmal durchbrochen wurde, dann ist er für alle und für immer unglaubwürdig geworden. Das ist die Osterlogik – meine ganze Theologie: Nun aber bleibt Glaube, Liebe, Hoffnung, diese drei. Aber die Liebe ist das schwächste Glied in der Kette, – die Stelle, an der der Teufelskreis bricht. »Diese Worte sind wahrhaftig und gewiß, schreibe: Es ist geschehen« – am Kreuz von Golgotha hat göttliche Menschenliebe den totalen Todesbann gebrochen.

In Jesus wird uns Gott geoffenbart, der ein Sympathisant der Menschen, ein Mitleidender, vor allem der leidenden Menschen, ist; der sich auf seine unsterbliche Menschenfreundlichkeit festnageln läßt im wahren Sinne des Wortes. Und dieser Gott wird abwischen alle Tränen von ihren Augen ... Das heißt doch: wir müssen in Krankheiten, Leiden, Armut, Not und Tod nicht mehr höhere Fügungen und Zulassungen erkennen, sondern allenfalls Schicksalsschläge, – gut biblisch: Feinde, die zu bekämpfen und zu überwinden sind.

Und wenn wir nach diesem Gottesdienst die Kirche verlassen, das schwere dunkle Kreuz unseres Herrn im Rücken – und jeder das seine, an dem er hart zu tragen hat: dann dürfen wir uns heimleuchten lassen in diesen grauen Novembertag hinein vom warmen Licht, das durch die große Glaswand fällt wie aus der Rosette in Straßburg – oder aus der Laterne des Zwergleins. Mit etwas Phantasie werden Sie die Umrisse der heiligen Stadt und die liebevollen Konturen der geschmückten Braut in diesem Licht entdecken und spüren: »Siehe da, hier wohnt Gott bei den Menschen. Er wird bei Ihnen bleiben. Er selbst, Gott, wird Ihnen nahe

sein. Und wir werden uns selbst und einander wiederfinden als sein Volk.«
Totensonntag wird zum Ewigkeitssonntag:

Das ewig Licht geht da herein
gibt der Welt ein neuen Schein
es leuchtet wohl mitten in der Nacht
und uns des Lichtes Kinder macht.

Gloria sei dir gesungen
mit Menschen- und mit Engelszungen
mit Harfen und mit Zimbeln schön.
Von zwölf Perlen sind die Tore
an deiner Stadt, wir stehen im Chore
der Engel hoch um deinen Thron.
Kein Aug hat je gespürt
kein Ohr hat mehr gehört
solche Freude.
Des jauchzen wir
und singen dir
das Halleluja für und für.

Vom Leben träumen

Offenbarung 22,12.17.20–21
Ingrid Adam

I.

Manchmal träume ich von meinem Vater. Er starb, als ich 13 Jahre alt war. Ich weiß nicht mehr sehr viel aus meiner Kindheit. Aber eine Szene, die sich jeden Abend wiederholte, steht mir noch deutlich vor Augen. Ich spiele auf der Straße und sehe mit einem Mal Leute um die Ecke biegen, die vom Bahnhof kommen. Einer von ihnen ist mein Vater. Wenn ich ihn erkenne, renne ich auf ihn zu, er stellt seine Aktentasche auf die Erde, breitet die Arme aus und fängt mich auf. Er wirbelt mich einmal um sich herum, ich nehme seine Tasche, und wir gehen Hand in Hand nach Hause.
Mein Vater ist tot, und heute kommt mir diese abendliche Szene wie ein Stück Paradies vor: zuverlässig, sicher, selbstverständlich. Dieses Bild, die leicht abschüssige Straße mit den Ahornbäumen links, den Gartenzäunen rechts und dem Mann, der unten um die Ecke biegt und seine Arme ausbreitet, das kann ich vor mir auftauchen lassen, sobald ich meine Augen schließe.

Eine kleine allabendliche Begebenheit, über die ich damals nicht viel nachdachte. Was sie mir bedeutete, was *er* mir bedeutete, das wußte ich erst, als es vorbei war, als er gestorben war.
»Was einer ist, was einer war, beim Scheiden wird es offenbar ...«, schreibt ein Dichter über den Abschied und den Tod. – Heute ist Totensonntag, und wir alle denken an unsere Toten. Dieser Tag ist für mich auch ein Gedenktag an alle anderen Menschen, die uns verlassen haben, ohne gestorben zu sein. Ein Gedenktag für alle gestorbenen Hoffnungen: für die gescheiterten Ehen, für aufgelöste Verlobungen, für Freundschaften, die in die Brüche gingen, für die Kinder, die von zu Hause weggingen, für Geschwister, die einander nicht mehr sehen wollen, für die verlorene Heimat.
Wir denken zurück, und manche Wunde bricht auf bei diesen Gedanken, manche Wunde, die längst verheilt schien. Ich glaube, alle Wunden, die unsere geliebten Toten und unsere gestorbenen Hoffnungen in uns hinterlassen haben, sind aus demselben Stoff gemacht: der Erinnerung an die Arme, die sich für uns ausbreiteten, der Erinnerung an eine warme Stelle für uns in der kalten Welt, eine Stelle, die nun leer ist und unwiederbringlich verloren.
»Es gibt Wunden, heimliche Wunden, du,
die heilen im Leben nimmermehr zu.
Wohl geht man einher mit lachendem Mund
und wähnt sich ganz und gar gesund,
bis einer jäh an die Wund rührt
und man das heimliche Brennen spürt ...« –
ich weiß nicht, vom wem dieses Gedicht ist, ich habe es irgendwo einmal gefunden und auswendig gelernt, weil es meine Gefühle so gut wiedergab.
Die geliebten Menschen, die uns gestorben sind, die Hoffnungen, die wir begraben mußten, haben ihre Spuren und Wunden in uns hinterlassen, auch wenn der erste brennende Schmerz mit der Zeit vergeht. Wir brauchen uns unserer Trauer und unserer Tränen nicht zu schämen. Wir brauchen uns über den Verlust nicht hinwegtrösten zu lassen. Wir brauchen uns nicht abzulenken, um »auf andere Gedanken zu kommen«, wie man den Trauernden so gerne sagt. Damit tun wir uns und unseren Toten Gewalt an. Ein geliebter Mensch hat es verdient, daß man um ihn weint und trauert. Das ist natürlich, das ist menschlich. Nur so kann sich die Trauer allmählich in Dankbarkeit umwandeln, nur so können unsere Erinnerungen an unsere Toten rein und selbstlos werden, nur so können wir in Frieden mit ihnen und uns und der Welt weiterleben.
Musik

II.

Die Gedanken, die uns am Totensonntag überkommen, reißen alte Wunden wieder auf. Sie kreisen um die Vergangenheit, sie tragen uns aber auch in die Zukunft. Der Totensonntag mahnt uns auch an den eigenen Tod. Und unsere Gedanken wandern zur Grenze des Lebens und darüber hinaus, in die Ewigkeit. Was erwartet uns nach dem Tod? Wie wird es sein? Gibt es ein Wiedersehen mit denen, die vor uns gestorben sind? Die Menschen haben sich wohl schon immer diese Frage gestellt. Alle Religionen haben zu allen Zeiten Bilder, Träume und Vorstellungen als Antwort auf diese Frage entworfen: Was erwartet uns nach dem Tod? Manche Religionen sprechen von einem Gericht, das die Guten von den Bösen trennt, und machen den Lebenden und den Überlebenden damit viel Angst. Ich erinnere mich noch gut an meine Angst um meinen toten Vater, als ich im Konfirmandenunterricht etwas vom Jüngsten Gericht hörte, denn er war kein gläubiger Christ, und ich fürchtete, er komme dafür in die Hölle. Andere Visionen vom Leben nach dem Tod versprechen, daß jeder dort alles doppelt zugelegt bekommt, was er auf der Erde entbehrte: Gesundheit, Reichtum, Glück, Ansehen. Diese Visionen und Träume schenken den Leidenden und Unterdrückten Hoffnung. Oft hindern sie auch daran, gegen Unterdrückung zu protestieren. Man erzählt sich, daß die Negersklaven in Amerika den Todestag eines der Ihren als seinen Geburtstag feierten, als Freudentag bei seinem Einzug in ein besseres Leben, und sie hatten wohl allen Grund dazu.
Wie es wirklich sein wird, wissen wir nicht. Denn auch in der Bibel sind alle Träume, Bilder und Visionen von Lebenden für Lebende beschrieben. Sie spiegeln die Sehnsüchte, Leiden und Träume ihrer Zeit; sie wollen die Lebenden trösten, anspornen oder ermahnen für *das Leben*. Wer träumt, Visionen hat und Sehnsucht, der überschreitet die engen Grenzen seines Lebens. Denn alle Träume, Visionen und Sehnsüchte handeln von dem, was nicht ist und doch sein sollte. Und die biblischen Träume und Visionen sprechen uns deshalb so an, weil darin unsere Sehnsüchte eingefangen sind, weil sie unsere oft schlafenden Träume zum Erwachen und zum Klingen bringen. Sie sind keine Fahrpläne und Reisebeschreibungen für die Fahrt in die Ewigkeit, die wir mit unserer Vernunft studieren könnten. Sie sprechen das Gefühl, die Seele an, sie öffnen die Augen dafür, daß unserer Welt und unserem Leben etwas fehlt. Sie malen aus, was nicht ist und doch sein sollte.

III.

Eine solche Vision beschreibt der Text, über den heute in den Kirchen gepredigt wird, aus dem letzten Kapitel der Bibel, der Offenbarung Johannes. Christus zeigt sich dem Seher Johannes in all seiner Macht

und Hoheit, beschreibt das nahe Ende der Welt und öffnet seine Arme weit für alle, die hineinlaufen wollen. »Ich komme bald«, sagt Jesus, und er lockt uns mit Bildern, die unsere Seele zum Klingen bringen. Ich möchte Ihnen beschreiben, was *mir* beim Lesen einfällt, von Vers zu Vers.
»Siehe, ich komme bald«, sagt Jesus, »und mein Lohn mit mir, zu geben einem jeden, wie seine Werke sind«,
und mir fallen alle Leute ein, die hart arbeiten und um ihren Lohn gebracht werden. Ich erinnere mich auch an manche Situationen in meinem Leben, in denen ich auf einen Dank gewartet habe, der ausblieb. Mein Traum von Gerechtigkeit erwacht neu.
»Ich bin das A und das O, der Erste und der Letzte, der Anfang und das Ende«,
fährt Jesus fort und zeigt damit seine Vollkommenheit, aus der heraus er spricht. Wenn der erste und der letzte Buchstabe des Alphabets, wenn Anfang und Ende in Jesus zusammenfallen, dann ergibt das einen Kreis. Ich sehe mich in der Mitte dieses Kreises stehen und fühle mich geborgen. Jesu Arme umspannen die ganze Welt.
»Selig sind, die ihre Kleider waschen«, sagte Jesus im nächsten Vers, »auf daß sie teilhaben dürfen an dem Baum des Lebens und zu den Toren eingehen in die Stadt.«
Ich erinnere mich an die Zeit, als ich ein Kind war. Ein frischgewaschenes Kleid anzuziehen bedeutete, daß ein Fest bevorstand, etwas Herrliches und Aufregendes.
Ich bin erwartungsvoll. Der Baum des Lebens müßte Früchte tragen, die mir Kraft geben; wann immer ich müde oder traurig wäre, könnte ich mir dort Trost und Hoffnung und neuen Mut holen. Das Bild von den Toren, durch die ich eingehen darf in die Stadt, erinnert mich an alles, was mir verschlossen ist, weil ich anders bin als die Menschen, die drinnen sind. Ich fürchte, daß sie mich nicht haben wollen und daß ich mich bei ihnen nicht zurechtfinde. Und nun öffnen sich die Tore einladend für mich, und ich kann hineingehen. Was mag mich erwarten? Ich habe keine Angst. Und nachdem ich mich für ein Fest vorbereitet habe, erwarte ich etwas sehr, sehr Schönes.
Jesus erzählt weiter:
»Draußen sind die Hunde und die Zauberer und die Unzüchtigen und die Totschläger und die Götzendiener und jeder, der die Lüge liebhat und tut« –
und ich freue mich, hinter den Mauern geborgen und sicher zu sein, ich freue mich, daß alle Menschen, über die ich mich manchmal so ärgere, endlich bestraft werden und gezeigt bekommen, wo sie hingehören. Aber dann erschrecke ich über meinen Haß und meine Rachegelüste und finde mich ziemlich lieblos und unchristlich. Auch Verbrecher sind Menschen,

und ich möchte nicht in ihrer Haut stecken und draußenstehen müssen. Und wer weiß, warum sie so geworden sind? Ich bin verwirrt darüber, daß Jesus ein solcher Satz in den Mund gelegt wurde, und ich bin beschämt, weil auch dieser Satz etwas ansprechen konnte, was in mir schlummerte. Und gutgetan hat's mir trotzdem.
Der nächste Vers trägt mich weg von diesen Gedanken.
»Ich«, sagt Jesus, »habe gesandt meinen Engel, solches euch zu bezeugen für die Gemeinden. Ich bin die Wurzel und das Geschlecht Davids, der helle Morgenstern.«
Mir wird adventlich zumut. Verse aus dem Alten Testament fallen mir ein, die auf den Messias hinweisen sollen. »Ein Reis wird aufgehen aus dem Stamm Isais ...«, »Das Volk, das im Finstern wandelt, sieht ein helles Licht«, und ich möchte »Es ist ein Ros' entsprungen« und »Vom Himmel hoch, da komm ich her« gleichzeitig singen. Aber der nächste Vers trägt mich zu einem neuen Höhepunkt. Ich lese:
»Und der Geist und die Braut sprechen: Komm! Und wer es hört, der spreche: Komm! Und wen dürstet, der komme, und wer da will, der nehme das Wasser des Lebens umsonst.«
So viel Werbung, so viel Lockung! Ich denke an mein Hochzeit, ich denke an meinen Vater, der seine Arme für mich öffnete und von meinem Mann abgelöst wurde; ich erinnere mich, wie ich nach einer Fahrt durch die Wüste die Stadt Jericho unvermittelt grün im braunen, heißen Sand vor mir liegen sah und plötzlich verstand, was eine Oase ist.
So viele Versprechungen, so viel Lockung, fast schon Ver-Lockung überwältigen mich, und ich lasse mich weitertragen und stimme ein in den Satz, den die Gemeinde im nächsten Vers auf die Vision des Sehers Johannes antwortet:
»Amen, ja, komm, Herr Jesus!«
Und ich fühle mich geborgen und beruhigt unter dem Segen, der im nächsten Vers, dem allerletzten Vers der ganzen Bibel, steht:
»Die Gnade des Herrn sei mit allen!«
Ich erwache. Ich habe geträumt – habe die uralten Träume von einem besseren Leben nachgeträumt, mitgeträumt, und habe dabei entdeckt, daß ich sie alle in mir habe. Haben Sie, liebe Hörerinnen und Hörer, auch Ihre Träume dabei entdeckt?
Musik

IV.

Heute ist Totensonntag. Unsere Gedanken trugen uns zurück zu unseren Toten, zu unseren gestorbenen Hoffnungen. Ein Abschnitt aus der Bibel verlockte uns zum Träumen, brachte die verborgenen Wünsche in uns zum Klingen, jene Sehnsüchte, die von dem leben, was nicht ist, aber sein

sollte. Solche Bibelstellen ermutigen uns Lebende dazu, uns mit den Grenzen unseres Lebens nicht abzufinden, sie können uns dabei helfen, unser Leben zu bereichern, unser Leben vor dem Tod.
Meine Träume anläßlich des Predigttextes aus der Offenbarung handelten von Gerechtigkeit, Geborgenheit, Festlichkeit, Freude, Kraft, vom Dazugehören, Singen und von Verlockung, von vielem, was nicht ist, aber sein sollte. Solche Träume werden im Leben nie ganz verwirklicht, und wenn wir in unserer Trauer auch manchmal denken, wir hätten das früher alles einmal gehabt, so irren wir uns und verklären die Vergangenheit. Und dennoch sind solche Träume die Triebfedern unseres Lebens, und aus dem Neuen Testament wissen wir, daß es auch die Träume Jesu waren. Wo Jesus mit Menschen zusammentraf, da fanden sie Gerechtigkeit, Geborgenheit, Festlichkeit, Freude, Kraft, er nahm sie auf, sie gehörten wieder dazu, konnten wieder singen und leben.
Wir gehen in den Spuren Jesu, wenn wir unsere Träume träumen, wenn wir uns mit den engen Grenzen unseres Lebens nicht abfinden, wenn wir darunter leiden, daß vieles nicht ist, was sein sollte. Wir sind auf dem Weg in die Ewigkeit, wenn wir mithelfen, daß unsere Träume und die anderer Menschen nach Gerechtigkeit, Geborgenheit, Freude und Kraft Wirklichkeit werden. Und wir ehren unsere geliebten Toten, wenn wir die Liebe und Geborgenheit, die wir mit ihnen erlebten, die Freude und die Kraft, die sie uns gaben, an andere Menschen weiterschenken.
Alle unsere Trauer und unsere Tränen, unsere Hoffnungen, Träume, Visionen und Sehnsüchte können wir zusammenfassen in den Ruf der Gemeinde Jesu Christi: »Amen, ja, komm, Herr Jesus!«
Die Gnade des Herrn sei mit uns allen.

(Rundfunkmorgenfeier)

Verkündigungsauftrag und Hörererwartung am »Totensonntag«

Axel Denecke

Totensonntag oder Ewigkeitssonntag?
In diesen beiden Namen spiegelt sich die Spannung zwischen »Verkündungsauftrag« und »Hörersituation« wieder.
»Totensonntag« steht für das unmittelbare Empfinden und vitale Erleben der Hörer. Der Hörer erwartet, daß seine individuelle Situation der Trauer die Gestaltung des Gottesdienstes bestimmt, daß die Predigt die oft noch ungeordneten, diffusen Gefühlen und Stimmungen, die die individuelle Trauer und »Trauerarbeit« bestimmen, aufgreift, thematisiert und persönlichen Trost vermittelt. »Ewigkeitssonntag« steht für den von der Situation des einzelnen Menschen unabhängigen »Verkündigungsauftrag« angesichts des alle Menschen in gleicher Weise betreffenden »Schicksals« Sterben/Tod. Nicht das Gedenken der Toten, sondern die Gedanken Gottes zum Tod sind Thema. Nicht so sehr das Nach- und Mitempfinden angesichts individueller Trauer und einfühlsame Worte persönlichen Trostes, sondern der sieghafte Zuspruch des universellen Heils in Christus, der allen Menschen gleich gilt, sind gefordert.
Überblickt man die Entwicklung der letzten Jahrzehnte, so läßt sich erkennen, daß eine ehemals starke Überbetonung des »Totensonntags« zu einem vehementen Plädoyer für den »Ewigkeitssonntag« führte und daß dies nach kurzer Zeit wieder eine Gegenreaktion hervorrief.

Ausdruck der Schwergewichtsverlagerung vom »Totensonntag« hin zum »Ewigkeitssonntag« sind die vorgeschlagenen Predigttexte in der neuen Perikopenordnung für den letzten Sonntag im Kirchenjahr.
Reihe 1: Mt 25,1–10 (Die törichten und die klugen Jungfrauen; seid wachsam euer ganzes Leben lang, damit ihr für euer Ende gerüstet seid)
Reihe 2: Offb 21,1 ff. (Ein neuer Himmel und eine neue Erde – Das neue himmlische Jerusalem – Aber auch: Gott wird abwischen alle Tränen)
Reihe 3: Lk 12,42 ff. (Der wachsame Knecht und Haushalter; eine Wiederholung von Thema und Motto der ersten Reihe)
Reihe 4: Jes 65,17 ff. (Neuer Himmel – neue Erde; Verheißungsgemälde des zukünftigen Lebens – Aufnahme von Thema und Motto der 2. Reihe)
Reihe 5: Mk 13,31 ff. (Seid wachsam – Der Herr kommt wie ein Dieb in der Nacht – Alles vergeht, das Wort Gottes bleibt – Aufnahme des Themas der 1. Reihe)
Reihe 6: 2. Petr 3,8 ff. (1000 Jahre sind vor Gott wie ein Tag – Die Ewigkeit Gottes ist unermeßlich – Tag des Herrn wie Dieb in der Nacht – Aufnahme der Themen der 1. und 2. Reihe)
Es wird deutlich: sehr einfallsreich ist die Auswahl der Texte nicht. Das eine Thema wird – soll man sagen: in konzentrierter Eindringlichkeit? Oder soll man lieber sagen: in penetranter Monotonie? – wiederholt und immer neu eingeschärft: »Gottes Ewigkeit« ist ganz anders als unsere endliche Wirklichkeit. Bleibt nicht hängen in eurer individuellen Trauer, seht von allem Vordergründigen ab, seid lieber wachsam und schärft eure Sinne, damit ihr das umfassende Heil nicht aus euren Augen verliert!
Es fällt auf, daß einige Texte sich mit den OP-Texten der alten Perikopenordnung decken, daß auf andere Texte der alten Ordnung aber verzichtet wurde, z. B. auf Jes 35,3 ff. »Stärket die müden Hände und macht fest die wankenden Knie. Saget den verzagten Herzen: Seid getrost und fürchtet euch nicht ...!« Ein Text, der zu stark das innerweltliche Heil betont, gar zu sehr als »individueller Trost« mißverstanden werden kann, das universale Heil der Ewigkeit Gottes verdunkelt? Ein zu persönlicher Text?

Zum mindesten die Frage muß gestellt werden: Helfen diese Texte in einer konkreten Trauersituation? Wie und wo wird in diesen Texten der trauernde Mensch in seinem So-Sein ernst genommen? Und weiter: Ist es überhaupt die Absicht der ausgewählten Predigttexte, dies zu tun? Soll die Auswahl der Texte dem Prediger etwa suggerieren: Nicht trösten sollst du heute, sondern Gottes universales Heil vor den Menschen ausbreiten?

Viele Prediger fühlen sich angesichts *dieses* Verkündigungsauftrages überfordert. Sie können ihn auch in dieser Schärfe und Zuspitzung nicht teilen. Die großen Worte vom »neuen Himmel« und vom »Tag des Herrn« bleiben ihnen wie ein Kloß im Halse stecken angesichts des persönlichen Leides der Menschen unter ihrer Kanzel und angesichts der universellen Angst in der gegenwärtigen gesellschaftlichen Situation. Sie fragen sich: Wie soll ich frohgemut vom »neuen Himmel« und dem »guten Tag des Herrn« sprechen, wenn für die Menschen unter meiner Kanzel die Zukunft unsicher, der Frieden gefährdet und das ökologische Gleichgewicht in unserer Natur aus allen Fugen geraten ist? Nimmt dann unsere Verkündigung vom »lieben jüngsten Tag« und vom »neuen Himmel« nicht auch zynische Züge an? Von der individuellen Not des einzelnen noch ganz zu schweigen.
Daher läßt sich in der letzten Zeit beobachten, daß Themen und Fragestellungen des »Totensonntages« und des »Totengedenkens« wieder zunehmend an Bedeutung gewinnen. Gottesdienste zum »Totengedenken« auf den Friedhöfen nehmen zu. Die Friedhöfe sind am Totensonntag gefüllt wie lange Zeit nicht mehr, oft sind sie so überfüllt, daß man kaum noch Platz findet. »Wie auf einem Jahrmarkt ist es hier«, sagte mir abfällig und bewundernd zugleich ein Nicht-Betroffener. Zu besonderen Gottesdiensten am Nachmittag werden Trauernde eingeladen, die Hinterbliebenen von Verstorbenen aus dem vergangenen Jahr werden mit persönlichen Einladungen zum Gottesdienst gebeten. Und alle kommen. Die Kirche ist so voll wie selten, voller als zu Ostern. Nur am Heiligen Abend sind noch mehr Besucher da. Der »Ewigkeitssonntag« hat als »Totensonntag« eine neue Bedeutung gewonnen.
In der Periokopenordnung gibt es Alternativtexte zum »Gedenktag der Entschlafenen«, die dem persönlichen Leid und der Suche nach persönlichem Trost und Hoffnung Rechnung tragen.
Reihe 1: Joh 5,24–29 (Das ewige Leben beginnt schon *jetzt* – Gemeinsames Bemühen, im Leiden auf das Wort Gottes zu hören)
Reihe 2: 1. Kor 15,35 ff. (Auferweckung der Toten – Säen/ernten – Naturbild – Bild vom ›Geistleib‹ – Persönlicher Zuspruch)
Reihe 3: Dan 12,1–3 (Zusage persönlichen Heils und der Auferweckung)
Reihe 4: Phil 1,21–26 (Persönliche confessio des Paulus im Ringen zwischen Leben und Sterben)
Reihe 5: Mt 22,23–33 (Sadduzäer-Frage nach der persönlichen Auferstehung)
Reihe 6: Hebr 4,9–11 (Die Sabbatruhe als Ruhe nach des Lebens Arbeit – Anleitung, zur Ruhe zu kommen)
Das ist eine Alternative: Vom persönlichen Leiden der Menschen, von ihren Fragen und Zweifeln, aber auch von ihrer Sehnsucht, Zuversicht und Hoffnung wird gesprochen. Das Heil wird nicht in Form eines alles umfassenden ewigen Heils proklamiert, sondern als *mein* Leben, *mein* Sterben, *meine* Angst und *meine* Hoffnung persönlich entfaltet.
Eine Alternative – nur eine Alternative?

Situationserhellung: Die Hörererwartung am Totensonntag

Ich nenne einige – bekannte – Merkmale, die mir zur richtigen Einschätzung der Hörererwartung wichtig sind.

Soziologisches:
Wenn es ans Sterben geht, ist unsere Volkskirche noch (oder wieder) intakt und »heil«. Nahezu alle Kirchenmitglieder lassen sich auch kirchlich beerdigen. Zunehmend wird der Wunsch nach einer »kirchlichen Beerdigung« auch von Ausgetretenen laut. Selten hat der Pastor so viele und auch so aufmerksame Zuhörer wie bei der Beerdigung.
In manchen Gemeinden, so habe ich vor einiger Zeit in einer Untersuchung gelesen, hat der Pastor aufs ganze Jahr umgerechnet 5 bis 10mal so viele Besucher wie im Sonntagsgottesdienst.

Religionspsychologisches:
Diffuse Erwartungen der Hörer angesichts des ›Kasus‹; emotionale Unsicherheit; Beklemmung; Schuldgefühle; Fluchttendenzen; Zerspringen der bisher festen Ordnungen; man ist aus den gültigen Konventionen geworfen; hin und her gerissen zwischen echter Trauer und dem: »das Leben geht weiter«; verhaltene, aber meist recht ungelenk gestellte Frage nach Gott, nach dem Sinn, nach der Zukunft: »Wie soll es weitergehen?«; Sprachlosigkeit, viel Schweigen. Und immer wieder diese Schuldzuweisungen: an den Arzt, an den Arbeitgeber; an die Gesellschaft, an die Verhältnisse im allgemeinen, an die Kirche, an den Pfarrer, an Gott, an den Verstorbenen, an sich selbst. Und immer wieder die Frage nach dem Sinn, »Warum?«. »Bisher habe ich Tod und Sterben immer fortgeschoben. Aber jetzt hat es mich erfaßt. Was ist, wenn ich sterben muß? Wie geht es weiter? Ich habe Angst.«

Jahreszeitliches:
Novemberwetter – Nebel – Nieselregen – grau in grau – schwermütige Grundstimmung auch ohne konkreten Anlaß – Melancholie. Eine ältere Frau sagte mir: »Die Natur stirbt sichtbar ab – die fröhliche Vorweihnachtszeit ist noch nicht da.«
Nietzsches kleines Gedicht »Vereinsamt« trifft den Grundton dieser Jahreszeit recht genau:
Die Krähen schrein
Und ziehen schwirren Flugs zur Stadt
Bald wird es schnein –
Wohl dem, der jetzt noch Heimat hat!

Oder auch Hermann Hesses Gedicht »Im Nebel«:
Seltsam im Nebel zu wandern
Einsam ist jeder Busch und Stein
Kein Baum sieht den andern
Jeder ist allein

Voll von Freunden war mir die Welt
Als das Leben noch licht war
Nun da der Schleier fällt
ist keiner mehr sichtbar.

Seltsam im Nebel zu wandern
Leben ist Einsamsein
kein Mensch sieht den andern
Jeder ist allein

Der Friedhof als »Forum der Trauernden«:
Aus der genannten Grundbefindlichkeit ergibt sich die Bereitschaft zu einem möglicherweise sogar überaktiven Totengedenken. »Ich will nicht allein im Nebel wandern, möchte nicht allein sein, deshalb möchte ich jetzt besonders verbunden sein mit dem Menschen, der von mir gegangen ist.« Da ist der 65jährige ehemalige Fußballjugendtrainer, der bis vor kurzem zur Bewunderung des ganzen Ortes Tag für Tag aktiv auf dem Fußballplatz tätig war und der nun, nach dem plötzlichen Tod seiner

Frau, von heute auf morgen den Fußballplatz mit dem Friedhof vertauscht. »Drei bis vier Stunden ist er jeden Tag auf dem Friedhof. Was macht er da bloß?« sagen mir verwundert die Nachbarn. Der Fried-Hof wird zum Ort der Begegnung, zum Forum der Trauernden, zu einem Ort, wo ich hoffe, allein für mich oder zusammen mit Gleichgesinnten, im gemeinsamen Gespräch oder im gemeinsamen Schweigen, meinen inneren Frieden zu finden. »Herr Pastor, ich gehe so gern auf den Friedhof. Dort herrscht wirklich Frieden, und ich kann die böse Welt hinter mir lassen. Ich begegne da nur Menschen, die ähnlich fühlen wie ich, die mich verstehen.«

Der Prozeß des Trauerns – Die immer neue Frage nach Gott:
Nach Y. Spiegels bekannter Beschreibung der einzelnen Phasen im Trauerprozeß[1] befinden sich trauernde Menschen hier in der oft lang anhaltenden Phase der »Regression«, mit einem Auf und Ab von Zustimmung und Protest gegen den Verlust. Ich habe beobachtet, daß im November – bedingt durch die allgemeine jahreszeitliche Grundstimmung – auch Menschen, die meinen, genug »Trauerarbeit« geleistet und ihre konkrete Trauer »bewältigt« zu haben, schubweise die regressive Phase neu erfahren, daß sie situativ zurückfallen – regredieren – in eine an sich bereits überwundene Phase.
Das drückt sich in Erfahrungen aus, denen – wenn es den Betroffenen möglich ist – wie folgt sprachlich Ausdruck verliehen wird:
»Ich merke auf einmal, ich bin noch gar nicht über meine Trauer hinausgekommen. Ich falle immer wieder in frühere Zustände zurück.«
»Die Erinnerungen sind in dieser Zeit wieder so nah, als wäre mein Mann/meine Frau gerade erst gestern gestorben.«
»Die alte Frage: ›Warum?‹ quält mich immer wieder.«
»Ich merke auf einmal: Das ganze Leben ist ein einziger Prozeß des Abschiednehmens. Mein Leben wird immer kürzer. Ich gehe unweigerlich auf das Ende zu.«
»Mir wird bewußt: Dieser Tag heute ist der erste Tag vom Rest meines Lebens. Wie kann ich es sinnvoll gestalten?«
»Ich frage mich: Wieviel Zeit habe ich noch? Das Leben, es fließt so dahin. Kann ich es festhalten? Oder zerfließt es wie Sand zwischen meinen Fingern? Bin ich Herr meiner Zeit, meines Lebens? Wo ist das Beständige, das Verläßliche? Kann ich mich auf Gott verlassen?«

Die eigene Betroffenheit eingestehen:
Bei allen Überlegungen über die Befindlichkeit der Hörer hat zu gelten, daß ich selbst als Prediger, der das Wort Gottes verkünden will, nicht ausgenommen bin von diesem »Prozeß des Trauerns«. Auch wenn ich mich im Augenblick nicht in einer aktuellen Trauersituation befinde, so kann ich doch die Frage: »Wie geht es weiter mit mir? Steht denn meine Zeit in Gottes Händen?« nicht von mir lösen.
Ich bin selbst ein Betroffener; ich als der, der »Antwort« geben soll und will, so wie der, der die »Fragen« stellt. Wenn ich im Gespräch oder in der

---

1. *Y. Spiegel,* Der Prozeß des Trauerns, München 1973; Vgl. dazu ferner: *B. Klaus/K. Winkler,* Begräbnishomiletik, München 1975; *R. Lindner-H. Nitschke* (Hrsg.) Trauernden predigen, Gütersloh 1984

Predigt über Tod und Sterben spreche, so kann ich keine neutrale, von mir gelöste Information über objektive Sachverhalte geben. Ich bin unweigerlich in die Fragen verwickelt. Und dies – so denke ich – um so mehr, je weniger ich es wahrhaben will und mir eingestehe.

Eine gute praktische Übung, seine eigene Betroffenheit (Überreaktionen, Vermeidungen, Rationalisierungen, Verletzlichkeiten) wahrzunehmen, besteht darin, bei Trauerbesuchen – oder doch zum mindesten in der anschließenden Reflexion des Besuches zu Hause – darauf zu achten, wie ich auf die Mitteilungen, die mir die Angehörigen über den Verstorbenen geben, reagiere: Wo höre ich gespannt zu? Wo höre ich weg? Wo lenke ich ab? Wo bohre ich nach? Wo flüchte ich in andere Themen? Wo mache ich (allzuschnell?) Trostangebote? Wo bleibt mir ein tröstendes Wort im Hals stecken? Wo möchte ich meine Verbundenheit zu den Trauernden in einer tröstenden Geste zum Ausdruck bringen? Das alles ist Ausdruck meiner eigenen Betroffenheit von Tod und Sterben, Ausdruck meines Verhältnisses zu meinem eigenen Tod.

Tod und Sterben rufen auch in mir eine Fülle oft diffuser Assoziationen und Empfindungen wach. Wie gehe ich damit in der Predigt um? Soll ich es offen aussprechen? Findet dadurch eine Solidarisierung mit den Hörern statt? Oder soll ich in der Predigt davon schweigen, weil ich nicht meine Gefühle, sondern das Wort Gottes verkündigen soll, soll ich über meine subjektive Befindlichkeit – wie Karl Barth gelegentlich sagte – »souverän hinwegspringen«, weil der Hörer einen Anspruch hat auf das klare und unmißverständliche Wort Gottes? Denn: »Wir predigen nicht uns selbst, sondern Christum« (2. Kor 4,5).
Aber: was heißt in dieser konkreten Situation: »Christum predigen«? Was ist unser Verkündigungsauftrag am Ewigkeitssonntag/Totensonntag?

Der Verkündigungsauftrag der Kirche: Gottes Wort am Ewigkeitssonntag
Die vorgeschlagenen Perikopentexte gehen auf die genannten Fragen und Erwartungen des Hörers nur begrenzt ein. Sie konfrontieren ihn dagegen mit Gottes Gegen-Welt, die all der individuellen Trauer, in der wir uns befinden, überlegen ist.
Das ist so! Mir ist es wichtig, dies zunächst einmal nüchtern zu registrieren und zu akzeptieren, auch wenn es vordergründige Abwehrgefühle in uns wecken sollte. Und vielleicht muß es auch so sein. Damit Gott nicht als Erfüllungsgehilfe für unsere diffusen Wünsche und Erwartungen mißbraucht wird. Und weil Gott Gott ist und nur dann ein Gott für uns sein kann, wenn wir ihn in seiner Andersartigkeit und Widersprüchlichkeit auch akzeptieren. Die ausgewählten Perikopentexte sind ein Beleg dafür.
Ich rufe daher stichwortartig wichtige christliche Lehrsätze zu »Tod/Sterben/Ewiges Leben« in Erinnerung; Kernsätze, die zu »verkündigen« sind am Ewigkeitssonntag gegen den Tod und für das Leben.

● In der Bibel wird weithin recht nüchtern und illusionslos, man kann meinen gefühllos, über Tod und Sterben geredet. Der Verstorbene lebt im »Land des Vergessens« (Ps 88,13). Gott ist ein Gott des Lebens und will im Diesseits erfahren werden. Daher: »Laß die Toten ihre Toten begraben und folge mir nach.« (Mt 8,22)

● Das Leben ist der Güter höchstes. Es entscheidet sich in *diesem* Leben, ob der »Tod« der Feind ist, der mich besiegt und mich ins »Land des Vergessens« bringt, oder ob der »Tod« besiegt wird.

● Der Tod wird daher als Gegner, ja als Feind gesehen, den es energisch zu bekämpfen gilt. »Der Tod ist der Sünde Sold« (Römer 6,23). Wenn die Sünde überwunden ist, so ist auch der Tod überwunden. Dies ist eine Aufgabe des gesamten irdischen Lebens.

● Das diesseitige Denken der Bibel – vor allem im Alten Testament – zeigt sich darin: Gott hat uns das Leben geschenkt und will unser ganzes Leben lang in Beziehung bleiben mit uns. Wenn – vom Menschen her – die Beziehung zu Gott abreißt, dann gewinnt der Tod an Macht. Wo sich der Mensch nur auf sich selbst verläßt und die Beziehung zu Gott abgebrochen wird, da setzt sich die Kälte des Todes durch, da eben lebt der Mensch – vor oder nach seinem irdischen Sterben – im »Lande des Vergessens«. Tod heißt daher: Gottesferne, Lieblosigkeit, Einsamkeit. »Leben« dagegen heißt: Gottesnähe, Liebe, Gemeinschaft.

● »Ewiges Leben« breitet sich dort aus, wo mitten in diesem Leben die zerstörerische Macht des Todes (und der Sünde) überwunden wird, damit der Tod kein »Fluch« mehr ist, sondern das natürliche Ende nach einem langen und erfüllten Leben. »In voller Reife stiegst du zu Grabe, wie die Garbe einkommt zu ihrer Zeit.« (Hi 5,26)

● In der Person Jesu Christi – »der von keiner Sünde wußte, von uns zur Sünde gemacht« (2 Kor 5,21), »der in allem in gleicher Weise versucht worden ist wie wir, doch ohne Sünde« (Hebr 4,15) – ist die Macht und der Fluch des Todes überwunden. Der Tod ist besiegt, ewiges Leben bricht an, nicht erst künftig, sondern bereits hier und jetzt. »Wer an mich glaubt, der hat ewiges Leben.« (Joh 3,36; 4,40–47)

● In Jesus Christus ist die ver-rückte Beziehung zu Gott (Gottesferne, Lieblosigkeit, Beziehungslosigkeit) wieder gerade- und zurecht-gerückt worden. Gott schafft in seiner liebevollen Zuwendung zum Menschen in Jesus Christus eine neue Beziehung zu uns. In Gottes Liebe zu uns ist die Macht des Todes gebrochen.

● Daher: »Wir wissen, daß wir aus dem Tod ins Leben hinübergegangen sind, *weil* wir die Brüder lieben. Wer nicht liebt, bleibt im Tode.« (1 Joh 3,14)

● Der Christ hat daher den Tod – als »Fluch« und »Sold der Sünde« – hinter sich, das Sterben aber noch vor sich. Darin realisiert sich »ewiges Leben« und der »neue Himmel und die neue Erde« mitten in diesem Leben. Den Tod hinter mir – das Sterben vor mir, so lebe ich »dazwischen«, und das ist immer noch schwer genug.

● Meine Aufgabe in diesem Leben besteht darin, gegen den Tod in all seinen Erscheinungen anzukämpfen, gerade dort, wo er wieder neu Besitz von mir nehmen will. Es gilt, mit Christus gegen den Tod anzukämpfen, ihn anzuklagen, ihn zu bedrohen, gegen ihn anzuschreien, anzusingen, gegen ihn anzuarbeiten. Es gilt, ihm »geistliche und weltliche Spottlieder«[1] zu singen.

● *Geistliche* Spottlieder singe ich in den Gesängen, die vom Osterjubel getragen sind. Der Auferstehungsglaube verspottet den Tod und lacht über ihn, weil er seine Macht verloren hat. »Die Schrift hat verkündet das, wie ein Tod den anderen fraß. Ein Spott ist aus dem Tod worden.« (EKG 76,4)

»Der Feind trieb groß Geschrei – doch Christus ist jetzt frei und ruft Viktoria; schwingt fröhlich hier und da sein Fähnlein als ein Held, der Feld und Mut behält. –

Die Höll und all ihr Rotten, die krümmen mir kein Haar. Der Sünde kann ich spotten, bleib allzeit ohn Gefahr. Der Tod mit seiner Macht wird nichts

1. So *E. Jüngel,* Tod, Stuttgart–Berlin 1971, S. 166 ff.

von mir geacht, er bleibt ein totes Bild und wär er noch so wild.« (EKG 86,2.4)
»Sein Raub der Tod muß geben her, das Leben siegt und ward ihm Herr. Zerstört ist nun all seine Macht, Christ hat das Leben wiederbracht.« (EKG 80,3)

● *Weltliche* Spottlieder auf den Tod singe ich, wenn ich mich in allen Bereichen meines Lebens für ein »menschenwürdiges Leben« im Geist der Liebe Gottes einsetze. Das geschieht dann, wenn ich an dem Platz, an dem ich stehe, mich aktiv einsetze für

– gesunde (heile) Beziehungen zwischen Mensch und Mensch (Liebe)
– gesunde (heilvolle) Beziehungen zwischen Mensch und Gott (Glauben).

Denn: »Wir *wissen,* daß wir aus dem Tod ins Leben hinübergegangen sind, weil wir die Brüder *lieben* ...«.

● Auf diese Weise lassen sich Spurenelemente des »ewigen Lebens« und der »Gegen-Welt Gottes« bereits mitten in unserem Leben entdecken und im Geist der Liebe Gottes einander aufzeigen. Also: Öffne deine Augen und sieh, wie in deinem Leben und im Leben des anderen Menschen das »ewige Leben« Gestalt gewinnt und der Tod besiegt wird.

● Wenn dann die Stunde meines Sterbens kommt, wird gelten: Nicht ich bin kraft meiner Fähigkeiten bei Gott, aber Gott ist kraft seiner Liebe bei mir.

Es ist sicher schwierig, diese Aussagen der biblischen Botschaft zu Tod und Ewigem Leben in die Situation einer normalen Ortsgemeinde hineinzusagen. Und es fragt sich auch, ob es homiletisch sinnvoll ist, den »Sieg Gottes über den Tod« im Stakkato von Behauptungssätzen als Dauerproklamation auf die Gemeinde niederprasseln zu lassen. Dennoch ist es wichtig und auch hilfreich, uns auf diese Weise unseren Verkündigungsauftrag unzweideutig in Erinnerung zu rufen und uns zum wiederholten Mal – auch wenn es uns schon seit langem bekannt, vielleicht sogar allzu bekannt ist – deutlich zu machen: Das ist es, was wir vom Anspruch der biblischen Botschaft unsern Hörern zu sagen haben, was wir ihnen nicht vorenthalten dürfen.

Wenn wir also mit allerlei freundlichen Überlegungen über die Hörersituation das »harte« Wort Gottes abzuschwächen und es geschmeidiger an die Hörererwartung anzugleichen versuchen, vielleicht ist das dann ein Zeichen dafür, daß wir meinen, unseren Verkündigungsauftrag schon »zu gut« zu kennen und damit gerade eben »zu schlecht«, weil wir gar nicht mehr hinhören, weil wir dem Wort Gottes in der Trauersituation unserer Hörer nichts mehr zutrauen, weil wir Gott selbst nichts mehr zutrauen, und in allem und vor allem: weil wir uns selbst als Gottes Boten nichts mehr zutrauen.

Ist unser Verkündigungsauftrag wirklich zu hoch, so daß er uns und unsere Rede von »Gottes Sieg über den Tod« überfordern würde?

Den Hörer ganz ernst nehmen – den Verkündigungsauftrag ernst nehmen

Aus den bisherigen Überlegungen heraus ergaben sich für mich zwei Leitthesen – eine negative und eine positive – für die weiteren Überlegungen.

1. *Negativ:* Unsere Predigt am Totensonntag/Ewigkeitssonntag ist dadurch gekennzeichnet, daß wir nur halbherzig sowohl von unserm Verkündigungsauftrag her als auch auf die konkrete Hörersituation hin reden. Wir reden halbherzig; wir wagen weder laut, kräftig, überzeugt und uneingeschränkt das Wort Gottes vom Sieg über den Tod (»Der Tod ist verschlungen in den Sieg«) auszusprechen, aus Angst, andere damit zu überfordern, noch wagen wir uns der vorgegebenen Hörer-Situation mit den oft diffusen Erwartungen der Hörer ganz zu öffnen und in die Fragen, Anklagen, Ängste und Zweifel ganz einzutauchen, aus Angst, daß diese Zweifel und Ängste uns selbst befallen könnten und uns nicht mehr loslassen. Das führt dazu, daß wir weder richtig, voll und ganz, hinhören noch richtig, voll und überzeugt sprechen. Wir hören halbherzig auf die Situation und wir sprechen halbherzig das Wort Gottes aus. Beides ist – um es in vertrauter dogmatischer Begrifflichkeit zu orten – Zeichen der Vertauschung von Gesetz und Evangelium. Wir hören »gesetzlich«, weil wir nur halb hinhören aus Angst, uns an die Situation zu verlieren. Wir reden »gesetzlich«, weil wir nur halbherzig das Evangelium vom »Sieg Gottes über den Tod« verkündigen.

2. *Positiv:* Ohne mit schnellen, allzuschnellen Antworten auf den Plan zu treten, sich vielmehr voll und ganz der Situation auszuliefern, intensiv und uneingeschränkt auf die Fragen und Zweifel der Menschen zu hören, auch dann, wenn ich zunächst nur hinhören und schweigen kann, ohne eine Antwort parat zu haben: das nenne ich »evangelisch« hören.
Und weiter: Nach dem intensiven und geduldigen Hören voll und vollmächtig reden, ohne Skrupel und Halbherzigkeit, im inneren Vertrauen auf die Wirkmächtigkeit und Selbsttätigkeit des mir anvertrauten, aber nicht von mir in Besitz zu nehmenden Wortes Gottes: das nenne ich »evangelisch« reden und predigen.
Ich plädiere also für beides: sich ganz und gar, ohne Einschränkung und Vorbehalte der konkreten Hörersituation mit all ihrer Unklarheit und Ungereimtheit auszuliefern; und: sich ganz und gar auf die Kraft des Wortes Gottes zu verlassen und dieses den Menschen im Vertrauen auf Gottes Führung durch seinen Geist zuzusprechen.

Für mich wird damit die dogmatische Chiffre »Christus ist wahrer (ganzer) Gott und wahrer (ganzer) Mensch« eingelöst. Beides zugleich, aber voll und ganz und keine Halbwahrheiten, keine Halbherzigkeiten.
Homiletisch gesehen realisieren sich dabei die beiden in gleicher Weise wahren Teilsätze Thurneysens und Barths: »Wo Gott, wirklich Gott, gedient wird, da und gerade da wird auch der Mensch nicht zu kurz kommen.«[1] Und: »Man kann zwar vom Menschen nur reden, indem man von Gott redet, aber auch von Gott nur, indem man vom Menschen

---

1. *E. Thurneysen,* Die Aufgabe der Predigt, in: Hummel (Hg.) Aufgabe der Predigt, Darmstadt 1971, S. 114

redet ... Man kann Gott damit (nur) dienen, daß man versucht, dem Menschen recht zu dienen.«[1] Beides ist wahr: ich rede voll und ganz, uneingeschränkt von Gott und seinem Sieg über den Tod, gerade um die Situation des Menschen zu treffen. Ich rede voll und ganz, uneingeschränkt vom Menschen, von seinen vielfältigen Fragen und diffusen Zweifeln angesichts der Situation des Todes, gerade um das Wort Gottes von Christi Sieg über den Tod zum Tragen zu bringen.

Wo Hörer-Erwartung und Verkündigungs-Auftrag sich treffen

Wie kann es konkret gelingen, den Anspruch der Verbindung von Hörererwartung und Verkündigungsauftrag im praktischen Vollzug der Predigt am Totensonntag/Ewigkeitssonntag zu realisieren, ohne daß die eine Zielsetzung auf Kosten der anderen dominiert? Dafür können an dieser Stelle natürlich nur Orientierungsmargen angegeben werden. Erst im konkreten Vollzug der Predigt wird sich zeigen, ob eine innere Verknüpfung von Trauersituation/Totengedenken/individueller Trauer und universeller Heilzusage/Sieg über den Tod/Ewiges Leben aus Gott wirklich gelungen ist.

Gottes Wort in der individuellen Trauersituation

Das Wort Gottes wird in der individuellen Trauersituation eine tröstende Kraft dann haben, wenn wir ihm die Freiheit lassen, vermittelt durch die Person des Zeugen (Verkündigers) in jeweils anderer Weise in Erscheinung zu treten, in direkter Form durch Zuspruch eines Bibel-Wortes, in indirekter Form durch Schweigen mit dem Trauernden, durch die Körpersprache (Gestik, Mimik) des Verkündigers, durch stellvertretendes Handeln des Verkündigers für die Trauernden. Ich werde meinem Auftrag der Verkündigung des Wortes Gottes nicht allein dadurch gerecht, daß ich den Trauernden »Worte« des Trostes zuspreche, sondern auch dann – und in bestimmten Situationen in erster Linie –, wenn ich als Zeuge dieses Wortes Gottes mit meiner eigenen Person durch mein Handeln (alles Elemente non-verbaler Zuwendung) für die Zuverlässigkeit des Wortes Gottes einstehe.

Zur Verdeutlichung sei auf die verschiedenen Formen der Verkündigung des Wortes Gottes in einer individuellen Trauersituation nach Y. Spiegels bekannten vier Phasen des Trauerprozesses verwiesen.[2]

---

1. *K. Barth,* Vorrede zur Festschrift für E. Thurneysen zum 70,. Geburtstag, »Gottesdienst – Menschendienst«, Zürich 1958, S. 9; vgl. in diesem Zusammenhang auch die bereits in den zwanziger Jahren als Gegenposition zum damaligen Ansatz von Barth-Thurneysen verstandenen Äußerungen Bultmanns: »Will man von Gott reden, so muß man offenbar von sich selbst reden.« *R. Bultmann,* Welchen Sinn hat es von Gott zu reden? (1925), in: GuV I, S. 28
2. Der Einfachheit halber setze ich im folgenden die Stimmigkeit und auch die Abgrenzung der einzelnen Phasen voneinander als durch vielfältige Erfahrungen bestätigt voraus. Es geht mir hier nicht darum, in die pastoralpsychologisch-seelsorgerische Diskussion einzutreten, sondern lediglich darum, unter Voraussetzung der Stimmigkeit des Phasenmodells Spiegels weiter zu fragen: Welche Form der Verkündigung des Wortes Gottes ist den einzelnen Phasen am angemessensten?

a) In der Phase des »Schocks« kann Verkündigung des Wortes Gottes heißen: Ich bin einfach für dich da. Ich schweige mit dir gemeinsam. Ich stehe an deiner Seite, versuche, mit dir stumm die Situation des dich überwältigenden Schmerzes auszuhalten. Vielleicht bete ich mit dir einen Psalm, Ps. 23, weil es eine wohlvertraute, geprägte Sprache ist. Vielleicht fehlen mir aber alle Worte, weil jedes ausgesprochene Wort, auch ein noch so schönes oder mutiges Bibelwort, die Tiefe des augenblicklichen Schmerzes nicht ermessen kann. Dann schweige ich, aber ich bin dennoch für dich da. Schweigen *kann* in dieser Situation eine Form der Verkündigung des Wortes Gottes sein.

b) In der »kontrollierten Phase« kann Verkündigung des Wortes Gottes heißen: Ich bin für dich Krisenagent. Ich plane mit dir (oder auch für dich) das Ritual der Beerdigung. Ich erinnere dich an wohlbekannte, seit deiner Jugend vertraute religiöse und familienspezifische Rituale. Ich spreche sie mit dir oder stellvertretend für dich aus. Wenn für dich als ein vor 40 Jahren aus Ostpreußen Vertriebener das Lied »Harre meine Seele« mit tiefen Lebenserinnerungen verbunden ist, so werde ich das Lied singen lassen und evtl. auch darüber predigen, selbst dann, wenn für mich Melodie und Text des Liedes nicht die gleiche Bedeutung haben wie für dich. Die Rolle zu akzeptieren, als Zelebrant des Beerdigungsrituals auch mit mir nicht vertrauten Worten als Krisenagent ein Stück Wegbegleitung in dieser Phase anzubieten, *kann* eine Form der Verkündigung des Wortes Gottes sein.

c) In der Phase der »Regression« kann Verkündigung des Wortes Gottes heißen: Ich bin dein Begleiter auf dem langen Weg der langsamen Bewältigung deiner Trauer im sog. »Trauerjahr«. Ich besuche dich regelmäßig, spreche mit dir, höre mir deine »Warum«-Fragen an, biete mich auch an als Person, der du deinen Widerstand, deinen Zorn, deine Depression zumuten kannst, an der du deine ersten Schritte der neuen Zuwendung zum ›Leben‹ ausprobierst, werde für dich – wenn es sein soll – zur ›Projektionswand‹. In allem bin ich zwar dein Gesprächspartner, bin dir aber einen Schritt voraus, vielleicht auch nur einen halben, den aber immerhin. So suche ich mit dir gemeinsam nach Antworten auf deine Sinn-Fragen. Gemeinsames Suchen nach Antworten *kann* in dieser Phase eine Form der Verkündigung des Wortes Gottes sein.

d) In der Phase der »Adaption« kann Verkündigung des Wortes Gottes heißen: Ich bin Agitator für deine neue Hinwendung zum Leben. Ich gebe dir Handlungsanweisungen und fordere dich zu Aktionen auf. Arbeite in diesem Gemeindekreis mit. Sprich mit anderen, die in einer frischen Trauersituation sich befinden. Wende dich neu anderen Menschen, wende dich neuen Menschen, die bisher außerhalb deines Gesichtsfeldes standen, zu. Als Agitator für neues, selbständiges Handeln aufzutreten, *kann* in dieser Phase eine Verkündigung des Wortes Gottes sein.

Der »Totensonntag« wird für Trauernde überwiegend in die Phase der »Regression« fallen. Hier ist es durchaus angemessen, wenn der Prediger als einer, der bereit ist zur Begleitung in der Trauersituation, der dabei aber schon einen halben Schritt[1] weitergekommen ist, aus der reichen biblischen Tradition heraus Antwortangebote auf die Fragen der Trauernden gibt. Hier ist durchaus der Ort, über das Schweigen und stumme Aushalten der Trauer hinauszuführen, stellvertretend für andere zu reden und oft noch unklare Gefühle und zwiespältige Empfindungen der Trauernden in klare und geprägte biblische Sprache zu kleiden.

Konkrete Hinweise: Wenn die Trauer wie das Wandern durch ein dunkles Tal erlebt wird, oder wenn dem Seelsorger – wie in der Praxis oft zu hören – gesagt wird: »Ich bin wie in einem dunklen Tunnel. Irgendwie

1. Wichtig ist es m. E. hier, daß es sich gerade um einen »halben Schritt« handelt. Es ist die »Kunst« der seelsorgerischen Begleitung in der »Verkündigung des Wortes Gottes«, daß ich zwei Fehler vermeide: Es ist weder angemessen, mit dem Trauernden in einer zu engen Verbindung im Sumpf seiner Gefühle zu versinken, mit ihm also gemeinsam auf der Stelle zu treten; noch ist es gut, schon zwei oder drei Schritte voraus zu sein und damit den Kontakt zum Gesprächspartner zu verlieren. Der »halbe Schritt« wird gerade dann eingehalten, wenn ich »Hörererwartung« und »Verkündigungsauftrag« stets in gleicher Weise beachte und ernst nehme.

werde ich wohl wieder raus kommen, aber noch ist alles dunkel. Ich sehe kein Licht«, so nehmen viele Psalmen (Ps 23, Ps 67, Ps 116, 3f. 8f., fast alle sog. »Klagelieder des einzelnen«, Hiob!) diese Gefühle der Trauernden auf und bringen sie in geformte und verläßliche Sprache. Äußerungen von Trauernden wie »Ich bin wie abgestorben – alles ist starr in mir« oder »Ich bin innerlich wie amputiert« oder »Keiner versteht mich wirklich, keiner kann meinen Kummer verstehen« können nach einer Phase des gemeinsamen Schweigens je nach Situation mit zurückhaltenden biblischen und aus der religiösen Tradition bekannten Antwortangeboten begleitet werden wie:

- »Mein Gott, warum hast du mich verlassen«
- »Und ob ich schon wanderte im finsteren Tal ...«
- »Gott wird abwischen alle Tränen von den Augen ...«
- »Die Nacht ist vorgedrungen, der Tag ist nicht mehr fern ...«
- »Von guten Mächten wunderbar geborgen ...«

Die Symbolsprache der Bilder (Tal/Berg/Tag/Nacht/Wanderung/Nebel/Sonne/Licht/Heimat/suchen–finden ...), die vertraute Sprache (altes Luther-Deutsch), geprägte, rituelle Worte können von sich aus – ohne große interpretierende Auslegung des Predigers – tröstende und die Trauerarbeit begleitende Kraft gewinnen. Nicht nur in der Beerdigungspredigt in der akuten Phase der Trauer und im persönlichen Gespräch danach, sondern auch in der Predigt am Totensonntag können das Totengedenken und die individuelle Trauer ihren Ort finden. Das Wort Gottes kann dabei in direkter und indirekter, verbaler und nonverbaler Form verkündigt werden.

Die Person des Predigers als Vermittler zwischen Verkündigungsauftrag und Hörererwartungen

Das Bindeglied zwischen der Trauersituation der Hörer und dem Auftrag der Verkündigung des Wortes Gottes ist die Person des Predigers selbst. Es ist unvermeidlich, den Prediger hier selbst bei seinem Wort zu behaften, auch dann, wenn es ihm unangenehm ist, auch dann, wenn er selbst gern auf Christus verweisen möchte, den er ja verkündigen will, auch dann, wenn er sich hier überfordert und zu Unrecht in den Mittelpunkt gerückt fühlt. *Ich* rede, *ich* stehe auf der Kanzel, das Wort Gottes oder auch das Nachempfinden des Leidens der Trauernden wird durch *mich* ausgesprochen. Selbst wenn ich mich nur als Sprachrohr verstehen möchte, kann der Hörer nicht durch mich durchblicken, sondern wird mich immer ganz vordergründig als unmittelbarstes Gegenüber vor Augen haben. Das ist nicht zu ändern. Gottes Wort wird – in welcher Form auch immer – durch mich weitergesagt. Ich bin das Medium, der Vermittler. Von mir wird glaubwürdig oder unglaubwürdig das Wort Gottes ausgesprochen. Von mir wird glaubwürdig oder unglaubwürdig die Situation der Trauer beschrieben. Das gilt sicher für jede Verkündigungssituation, es gilt aber besonders und zugespitzt für die Predigt am Totensonntag/Ewigkeitssonntag.

Was heißt das konkret?

Auch ich werde sterben. Auch ich habe Angst vor dem Sterben, selbst wenn ich theologisch den »Tod« verarbeitet haben sollte. Auch ich kenne Zweifel, Fragen, Unsicherheit. Die Fragen und Zweifel meiner Hörer sind

mir persönlich nicht fremd. Es sind auch meine Fragen. Hier sitze ich mit denen, zu denen ich rede, in einem Boot.
Aber ich habe in meinem Leben auch Hilfe, Trost, Zuspruch erfahren; durch andere Menschen, durch biblische Texte. Mir ist geholfen worden. Ich habe Glauben, Vertrauen, Hoffnung erlebt. Ich habe die Liebe anderer erfahren. Ich habe erfahren, daß ich nach einer Wanderung durch ein finsteres Tal auch wieder aus ihm heraus gelange. Ich habe erfahren, daß andere Menschen, ja daß Gott mich dabei begleitet. Ich habe in meinem eigenen Leben Erfahrungen des »Todes« und des »Lebens«, des »Zweifels« und des »Glaubens«, des »Umherirrens in der Wüste« und des »gelobten Landes« gemacht. Davon läßt sich reden, direkt oder indirekt. Direkt, indem ich im konfessorischen Ich stellvertretend von meiner »Trauerarbeit« spreche. Indirekt, indem ich mit Mimik und Gestik, also der ganzen Körpersprache, von meiner eigenen inneren Betroffenheit Zeugnis ablege.
So kann ich mit der eigenen Person und dem eigenen Glauben (gerade auch dem noch unfertigen Glauben), den Gott mir geschenkt hat, für die Wahrheit und Wahrhaftigkeit des »Sieges Gottes über den Tod« einstehen. Wenn ich es mir zutraue und den Hörern zumute, »Gottes Sieg über Tod und Trauer« in, mit und unter der eigenen inneren Betroffenheit zu verkündigen, dann rede ich nicht *über* den Tod und *über* das ewige Leben wie von einem von mir und den Hörern getrennten objektiven Sachverhalt, sondern dann spreche ich aus der gemeinsamen Erfahrung, dem gemeinsamen Leiden und der gemeinsamen Suche nach Überwindung des Leidens.
Es bleibt unabänderlich dabei: Die Person des Predigers ist im aktuellen Vollzug der Predigt Bindeglied zwischen Hörer und Wort Gottes. Biblisch ausgedrückt: Die präzise prophetische Zuspitzung des Nathan: »Du bist der Mann« (2 Sam 12,7) heißt hier zunächst: »Ich bin der Mann«. Meine Zusage an den Hörer: »Dich meint Gott« heißt zunächst: »Mich meint Gott«.
Die Entscheidung darüber, ob eine Predigt zum Totensonntag/Ewigkeitssonntag gelingt oder nicht, fällt in der Bereitschaft des Predigers, sich als Vermittler zwischen Verkündigungsauftrag und Trauersituation den Hörern zur Verfügung zu stellen.

Von Gottes-Sieg über den Tod und dem ewigen Leben reden
Jetzt – *nach* allem, was bisher gesagt wurde – ist es an der Zeit, wie selbstverständlich von »Gottes Sieg über den Tod« und vom »ewigen Leben mitten in unserem Leben« zu sprechen. Es gilt, gegen das »schwache Ich« und gegen »mein schwaches Ich« des Versinkens in Leid und Trauer das »starke Ich« Gottes zu stellen. Das »starke Ich« Gottes kann nur dagegengesetzt werden. Es ist wie selbstverständlich hinzustellen, ohne übertrieben laute Stimme, um sich selbst Mut zuzusprechen; ohne Flüsterstimme, weil man sich nicht ganz traut, sondern wie selbstverständlich, so wie dem Abend der Morgen folgt, so wie dem Winter der Frühling folgt, so wie dem Leben der Tod folgt, so wie dem Tod das Leben folgt.
Vom »starken Ich« Gottes zu reden, wie selbstverständlich, das ist wiederum nicht von der Glaubwürdigkeit des Zeugen in seiner eigenen Betroffenheit zu trennen. Wie dies geschehen kann, das läßt sich in

schriftlicher Form bestenfalls nur via negationis umkreisen. Zu allererst habe ich mir die Frage zu stellen: Glaube ich denn wirklich selbst an das »starke Ich« Gottes, von dem ich so laut und überzeugt zu reden vorgebe? Wenn ich dem »starken Ich« Gottes wirklich glaube, dann sind damit einige Formen der Verkündigung ausgeschlossen:

- Ich kann nicht mit lautem Pathos den Hörern den »Sieg Gottes« entgegenschleudern, mit der – verborgen aggressiven – Intention: »Das muß aber den Leuten endlich einmal gesagt werden«.
- Ich kann das »starke Ich« Gottes aber auch nicht in Watte oder in Goldpapier packen, damit es weicher oder freundlicher wirkt. Denn das »starke Ich« Gottes ist ja in sich bereits Zeichen der menschenfreundlichen Zuwendung Gottes an uns.
- Ich kann das »starke Ich« Gottes und das Wort vom »ewigen Leben« auch nicht zu feinkörnigem Sand zermahlen, damit es weniger schwer und tiefsinnig ist. Das wäre schon wieder ein Zeichen dafür, daß es für mich noch zu schwer ist, daß ich es noch nicht wie selbstverständlich in mein Leben hineingenommen habe.
- Ich kann das »starke Ich« Gottes auch nicht analysieren und in seine einzelnen Bestandteile zerlegen, also die »Wahrheit« des ewigen Lebens beweisen wollen. Was gibt's da schon zu beweisen? Das alles wäre nur ein Zeichen dafür, daß ich selbst (noch) nicht daran glaube, mehr noch, daraus lebe.

Es bleibt dabei: Das »starke Ich« Gottes ist wie das Natürlichste und Selbstverständlichste der Welt hinzustellen. Auf die Saat folgt die Ernte. Auf das Sterben folgt das Leben. So ist es.
Biblische Texte können die selbstverständliche Rede vom »starken Ich« Gottes unterstützen:

- »Ich bin die Auferstehung und das Leben. Wer an mich glaubt, der wird leben, auch wenn er stirbt. Und wer da lebt und an mich glaubt, der wird niemals sterben. Glaubst du das?« (Joh 11,25)
- »Meine Zeit *steht* (sie zerfließt nicht) in deinen Händen« (Ps 31,16).
- »Gott wird abwischen alle Tränen von ihren Augen. Der Tod wird nicht mehr sein, kein Leid, kein Geschrei, kein Schmerz wird mehr sein.« (Offb. 21,4)
- »Wir haben hier keine bleibende Heimat, sondern wir suchen die zukünftige.« (Hebr 13,14)
- »Leben wir, so leben wir dem Herrn. Sterben wir, so sterben wir dem Herrn. Ob wir leben oder sterben, wir sind (Eigentum) des Herrn.« (Röm 14,8)
- Der Herr hats gegeben – Der Herr hats genommen – Der Name des Herrn sei gelobt.« (Hi 1,21)

Es muß sofort hinzugefügt werden: Das sind biblische Aussagen, die in *mir* ein Echo finden, die *meinen* Glauben abdecken. Und weiter: Diese – oder andere – Worte sind zu sagen, *nachdem* ich mich voll und ganz auf das individuelle Leiden und die Hörererwartungen eingelassen habe, nachdem ich mit meinen Hörern den Weg ihres Leidens und ihres Suchens gegangen bin.
Dann aber, da bin ich sicher, warten die Menschen unter meiner Kanzel darauf, daß ich ihnen wie selbstverständlich, ohne lauter oder leiser, schneller oder langsamer, eindringlicher oder zurückhaltender zu sprechen als vorher, das Wort Gottes von seinem Sieg über den Tod und

Sterben zuspreche. Ich bin meinen Hörern dieses Wort schuldig, schuldig um Gottes und der Menschen willen. Und wenn ich es ausspreche, wie selbstverständlich, dann wird es auch ein tröstendes Wort sein. Und in allem: So wird es eine evangelische Predigt des Evangeliums am Toten-/Ewigkeitssonntag sein, die Hörererwartungen und Verkündigungsauftrag miteinander verbindet.

Gebete

I Führe mich vom Tod ins Leben, aus dem Trug in die Wahrheit.
II Führe mich aus Verzweiflung in die Hoffnung, aus Angst ins Vertrauen.
I Führe mich vom Haß zur Liebe, vom Krieg zum Frieden.
II Laß Frieden unser Herz erfüllen, unsere Erde und das All.
I und II Amen.

Alle haben gesündigt und mangeln des Ruhms, den sie bei Gott haben sollten« (Röm 3,23) Den Haß, der Rasse von Rasse trennt, Volk von Volk, Klasse von Klasse:
Vater, vergib!

Das habsüchtige Streben der Menschen und Völker, zu besitzen, was nicht ihr eigen ist:
Vater, vergib!

Die Besitzgier, die die Arbeit der Menschen ausnutzt und die Erde verwüstet:
Vater, vergib!

Unseren Neid auf das Wohlergehen und Glück der anderen:
Vater, vergib!

Unsere mangelnde Teilnahme an der Not der Heimatlosen und Flüchtlinge:
Vater, vergib!

Die Sucht nach dem Rausch, der Leib und Leben zugrunde richtet:
Vater, vergib!

Den Hochmut, der uns verleitet, auf uns selbst zu vertrauen, nicht auf Gott:
Vater, vergib!

»Seid untereinander freundlich, herzlich und vergebt einer dem anderen, gleichwie Gott euch vergeben hat in Christus«
(Eph 4,32). Amen.

Vor dich, Herr, bringen wir unser Gebet. Du bist ein Gott, der das Recht liebt und Frieden gibt. Darum beugen wir uns vor dir; denn wir alle, Gläubige und Ungläubige, bestehen trotzig auf dem, was wir für unser gutes Recht halten.
Vergib uns, Herr, und beende du den Hader, den Haß und den Krieg. Die Verantwortlichen der Völker führe du zu Mäßigung und Einsicht. Gib denen gute Gedanken, die zwischen Streitenden zu vermitteln versuchen. Kröne ihre Bemühungen mit Erfolg.
Vor allem aber befehlen wir dir die Menschen, die noch immer unter dem

Grauen des Krieges zu leiden haben. Sei du ihr Schutz und ihr Trost. Mache du den Kriegen ein Ende, und führe das Reich deines Friedens herauf.

Lasset uns beten zu Gott, von dem wir das Leben haben
und zu dem wir ein Leben lang unterwegs sind
für alle, die ihr Leben für andere hingegeben haben –
für die Freiheit der Völker und die Würde des Menschen:
daß Gott ihr Opfer annehme
und ihnen die Freude seines ewigen Lebens schenke.
Wir rufen:
Herr, erbarme dich.

Wir bitten für die Opfer der Gewalt und des Verbrechens –
für alle, die einen plötzlichen Tod fanden
im Straßenverkehr und bei ihrer Arbeit:
daß Gott sie aufnehme
in sein Reich
wo weder Schmerz ist noch Trauer –
wo Gott selbst ihre Erfüllung und ihre Freude ist.
Wir rufen:
Herr, erbarme dich.

Wir bitten für alle, die in unserer Erinnerung fortleben
um des Guten willen, das sie uns getan haben –
für unsere Eltern und alle, die uns das Gute lehrten:
daß sie nach allem Kampf und Streit
jetzt die Krone des Lebens empfangen.
Wir rufen:
Herr, erbarme dich.

Wir bitten für uns alle, die wir hier versammelt sind,
um das Andenken unserer Toten zu ehren:
daß wir den Mut finden
und ein Leben lang das Wagnis der Liebe auf uns nehmen,
um dann selbst zu erfahren,
was keines Menschen Auge geschaut –
was kein Ohr gehört –
was Gott jedoch denen bereitet hat, die ihn lieben.
Wir rufen:
Herr, erbarme dich.

Guter Vater, wir stehen vor dir in der Gewißheit,
daß unser Leben vergänglich ist
und daß der Tod uns alle Tage begleitet.
Bleib du bei uns,
damit wir stets besser lernen,
den Weg deines Sohnes zu gehen
und unser Leben füreinander zu leben.
Dann wird uns nichts von deiner Liebe trennen,
und wir werden in dir das Leben haben

auf ewig.
(A. Schilling, Fürbitten und Kanongebete, 1969[6], S. 174 f)

Lasset uns beten zu Gott, der uns Menschen den Frieden gibt,
für die Leiter der Staaten und die Führer der Völker:
daß sie nicht zu Verbrechern werden,
weil sie nur aus sind auf Ehre und Macht,
daß sie sich vielmehr ihrer großen Verantwortung für den Frieden der Welt bewußt sind.
Wir rufen:
Herr, erbarme dich.

Lasset uns beten zu Gott, der uns Menschen den Frieden gibt,
für alle Menschen, Familien und Völker,
denen der Krieg auch heute wieder seine Wunden schlägt:
daß sie in der Sinnlosigkeit ihres Geschicks nicht verbittern,
daß sie Hilfe finden in ihrer Not
und selbst nicht müde werden, Hilfe und Liebe zu schenken.
Wir rufen:
Herr, erbarme dich.

Lasset uns beten zu Gott, der uns Menschen den Frieden gibt,
für die christlichen Kirchen
und für alle, die Jesus Christus angehören:
daß sie vor aller Welt sein Evangelium leben
und seinen Frieden verkörpern –
und daß sie selbst nichts anderes wollen,
als den Menschen um Jesu willen zu dienen.
Wir rufen:
Herr, erbarme dich.

Lasset uns beten zu Gott, der uns Menschen den Frieden gibt,
für uns alle:
daß wir Geduld miteinander haben,
daß wir Verständnis füreinander aufbringen
und uns auch dann miteinander vertragen,
wenn unsere Wünsche und Meinungen aufeinanderprallen.
Wir rufen:
Herr, erbarme dich.

Lasset uns beten zu Gott, der uns Menschen den Frieden gibt,
für uns selbst –
in der Familie – am Arbeitsplatz –
und wo immer wir uns begegnen:
daß es uns froh macht,
anderen Freude zu schenken,
und daß wir einem jeden die Freiheit lassen,
anders zu sein als wir selbst.
Wir rufen:
Herr, erbarme dich.

Vater im Himmel,
wir bitten dich:
Segne alle,
die um Frieden und Wohlfahrt der Menschen bemüht sind;
nimm uns die Angst vor der Zukunft
und laß uns selbst durch unser Verhalten
zum Frieden der Welt beitragen.
(A. Schilling, a. a. O., S. 168 f.)

Herr, ewiger Gott, gedenke unserer Toten, die wir geliebt haben, die wir nicht vergessen können, an denen wir schuldig geworden sind. Gedenke unseres täglichen Sterbens, der vielen Vergeblichkeiten, die wir unternehmen. Herr, ewiger Gott, in deinem Gedenken sind unsere Toten verwahrt, auch unser Tun und Lassen, unsere Liebe und unsere Schuld. (K. Bannach, Gebete der Stille, Stuttgart 1979, S. 73)

Lieder

Noch manche Nacht wird fallen	EKG 14,4
Ach Hüter unsres Lebens	EKG 42,6–8
Wenn ich einmal soll scheiden	EKG 63,9–10
Christ ist erstanden	EKG 75
Nun bitten wir den Heiligen Geist	EKG 99
Verleih uns Frieden gnädiglich	EKG 139
Wenn wir in höchsten Nöten sein	EKG 282
Auf meinen lieben Gott	EKG 289,1.–3.5
Befiehl du deine Wege	EKG 294
Warum sollt ich mich denn grämen	EKG 297,1.–7.8
Was Gott tut, das ist wohlgetan	EKG 209
Ich steh in meines Herren Hand	EKG 306,1–2
Mitten wir im Leben sind	EKG 309
Führe mich, o Herr, und leite	EKG 345,5–7
Von guten Mächten wunderbar geborgen	SC 627
Du kannst nicht tiefer fallen	SC 655
O Herr, nimm unsre Schuld	SC 656
Es kommt die Zeit	SC 659
Wir träumen einen Traum	SC 662
Ich sitze oder stehe	SC 721
Ich will mich fügen	SC 762
Wohin denn sollen wir gehen	SC 772
So nimm denn meine Hände	SC 773
Von Frieden reden hilft nicht viel	SC 785
Bleib bei mir, Herr	SC 799

Kontexte

Epitaph auf einen Krieger
Es blühen aus dem Schnee die Anemonen.
Mit seinem Herzen spielt das Kind. Und es verweint's.
Uns, die am Brunnenrand der Erde wohnen,
Ist Sonnenauf- und niedergang nur eins.

Doch immer wieder quillt der Fluß von Felsen,
Und immer wieder Mond um Frauen wirbt;
Der Herbst wird ewig seinen goldnen Kürbis wälzen,
Und ewig Grillenruf im Grase zirpt.

Es führen viele fest ihr Pferd am Zügel.
Der Ruhm der tausend Schlachten ist verweht.
Was bleibt vom Heldentum? Ein morscher Hügel,
Auf dem das Unkraut rot wie Feuer steht.
(Konfuzius)

Spruch
Wer in Weisheit dem Herrn der Welt hilft,
Unterjocht nicht mit Waffen die Welt.
Die Welt könnte ihre Waffen gegen ihn wenden.
Wo die Schlacht tobte, wuchert Unkraut und Untat.
Hinter den Heeren schleicht der Hunger.

Der Held siegt sanft, umarmt den Besiegten.
Er siegt ohne Prahlerei.
Er siegt ohne Selbstsucht.
Er siegt ohne Rache.
Er kämpft und siegt, weil er kämpfen und siegen muß.
Was übermächtig wird, verwest in der Übermacht.
Das ist der Un-sinn
Und des Unsinnes Ende ist bald gekommen.
(Laotse)

Die Zahl ist nichts!
Besser als in tausend Reden
Worte ohne Sinn verschwendet,
ist ein Wort voll tiefen Sinnes,
das dem Hörer Frieden spendet.

Besser als in tausend Liedern
Worte ohne Sinn verschwendet,
ist ein Wort voll tiefen Sinnes,
das dem Hörer Frieden spendet.

Ob ein Sänger hundert Lieder
sinnlos in die Lüfte sendet,
Besser ist ein Wort der Wahrheit,
das dem Hörer Frieden spendet.

Magst du in der Schlacht besiegen
tausendmal zehntausend Krieger –
Wer das eigne Ich bezwungen,
ist der größte Held und Sieger.
(Aus dem Dhammapada)

Steht noch dahin

Ob wir davonkommen ohne gefoltert zu werden, ob wir eines natürlichen Todes sterben, ob wir nicht wieder hungern, die Abfalleimer nach Kartoffelschalen durchsuchen, ob wir getrieben werden in Rudeln, wir haben's gesehen. Ob wir nicht noch die Zellenklopfsprache lernen, den Nächsten belauern, vom Nächsten belauert werden, und bei dem Wort Freiheit weinen müssen. Ob wir uns fortstehlen rechtzeitig auf ein weißes Bett oder zugrunde gehen am hundertfachen Atomblitz, ob wir es fertigbringen mit einer Hoffnung zu sterben, steht noch dahin, steht alles noch dahin.
(Marie Luise Kaschnitz)

Aus großer Zeit

Er habe, sagte der Angeklagte, Schilfwände aufrichten lassen und hinter diesen Wänden die Leichen aus einem Massengrab ausgraben und an Ort und Stelle verbrennen lassen, womit kurz vor dem Ende des Krieges eine Untat vertuscht werden sollte. Etwaiger Schmuck und Zahnersatzteile seien in Sieben aufgefangen worden. Weder der Angeklagte noch die anderen Herren hätten sich die Finger dabei schmutzig gemacht. Die Häftlinge und Strafgefangenen, welche die Arbeit ausführen mußten, seien danach alle erschossen worden. Der Angeklagte hatte auf Befehl gehandelt. Die Erschießung der Zeugen war ihm unmenschlich vorgekommen, aber er sei der Ansicht gewesen, der König habe immer recht.
(Marie Luise Kaschnitz)

Die Mitarbeiter

Pfarrerin Dipl. Psych. Ingrid Adam. Egelsbach. Pfarrer Michael Becker, Marburg, Pfarrer Heinz Behrends, Hannover. Pfarrer Dr. Günter Berndt, Berlin. Pfarrer Ulrich Bienengräber, Gelting. Pfarrer Wolfram Braselmann, Loccum. Pfarrer Günter Bublitz, Düsseldorf. Stadtsuperintendent Hans Werner Dannowski, Hannover. Pfarrer Dr. Axel Denecke, Osnabrück. Pfarrer Helmut Gröpler, Cottbus. Pfarrer Manfred Günther, Groß-Eichen. Professor Dr. Manfred Josuttis, Göttingen. Pfarrer Hannes-Dietrich Kastner, Worms. Pfarrer Heinz-Dieter Knigge, Göttingen. Pfarrer Walter Leopold, Korntal. Pfarrer René Leudesdorff, Dagebüll. Professor Dr. Gerhard Marcel Martin, Marburg. Pater Franz Richardt, Münster. Helmut Siegel, Hagen b. Bremen. Professor D. Martin Stöhr, Siegen. Propst Dr. Christian Zippert, Marburg.